U0023348

元華文創

佛教聖典史論

本書是東亞第一本佛教典籍歷史變革的現代名著。

作者是東京帝大名教授與日本宗教學研究之父。

全部佛經歷史發展歷程，首次清楚呈現與容易被理解。

全書論述無比雄辯與流暢，是精彩絕倫的第一流之作。

姉崎正治 —— 著

釋依觀 —— 譯

序 言

　　印度與希臘皆可謂為世界精神文化之源泉。於其國土，產生婆羅門哲學與佛教，依此而風靡東亞萬里之人心者，即是印度；而開啟西洋哲學端緒，結合基督教，承擔西歐二千年之感化的，則是希臘人的精神。若論及思想之深遠，勢力之偉大，二者實難分軒輊。然若將兩國人民的精神文化略作比較，最引人注意的，應是歷史感覺之銳鈍。

　　希臘人於其草昧時期，既已以奧林匹亞的祭時為其紀年，希羅多羅之後，史學與哲學形成思想界的二大勢力。因此，歐洲文明雖有被稱為中世暗黑的時期，然其史料紀年之業未曾弛廢，十八世紀，批評的精神勃興，理性主義一轉成為歷史批評，於發達開展之觀念中，擴及世界人文歷史的組織，且依此作出闡述宇宙人心之開發的哲學系統。基督教的「聖經批評」（Bibolkritik）即

是基於如此的歷史精神所成，曾經受中世紀暗黑所蔽的宏大宗教意識，據此而衝破奇雲怪霧，展現於吾人眼前。

　　另就印度觀之，其歷史感覺之遲鈍，實是世上罕見，其紀年自古以來，不曾精確，亦不曾出現具有歷史精神之人。加之，宗教上的教權主義常慫恿應盲從古典，混亂古今前後，其神秘濫溺的傾向是，古典教祖被埋沒於神怪之中，猶沾沾自喜。

　　因此，吠陀聖典自古即被視為世界無始之神聲，對於種種神典皆出自劫初之說，無人以之為怪。妄稱自家心中的樓閣寶典即是古聖典，自他皆陷於如此的迷誤，於死文字上築構其靈界信仰。吠陀聖典以下的諸修多羅、沙悉特羅、富蘭那、怛特羅等諸多文典皆是時代的精神產物，各自代表該宗教某一時期的發展，卻都被視為劫初以來的神典，於是，信仰與人心的開發呈現互不兩立之奇觀。

　　佛教亦屬印度人民之所產，故一直也有此弊病。歷史與神話不加分辨，傳承的聖典被認為盡成於單一之手，不曾細思其間之發展與變遷。佛教信仰之根柢的聖典被視為皆出自佛口，完全不顧其間之差異、衝突與混亂。

　　在述及佛陀時，或信彼乃是色身八十年的歷史人物，或忽而尊仰法身常現的非人格的佛智，混亂拗捩此二種論點，詭辯的提出「聖典佛出論」。於是，為說明佛滅以來數千年，經過無數哲學、宗教頭腦組織鍛鍊，以及發展分化的多面向的佛教，極力予以詭辯曲說，導致佛徒不知佛教的中心觀念，其精神發展如何及於感化，發揮何等觀念？

　　唯知意圖以此非歷史的怪誕，強調其宗教之神聖。識者之同情因而日漸遠去，其光明終究將如海上蜃樓之滅。但佛教終究不應如此霧散。其組織發展之偉大，其感化之宏博，終究不能作為蜃樓而被棄之，因此，若能發揮其產生及發展真相，理性的發揚其思想上的真正價值，其對於未來思想界之影響，實非吾等得以想像。今日佛教沉淪之所以，實因其思想家盲從非理性的傳承而不顧其他所致。

　　科學是近世文化之原動力，意圖以原因與結果的必然關係說明及理解萬有現象的科學思想若適用於人文，即是歷史的理性。若是如此，則歷史的理性乃是近世科學文明必然的產物。無論政治經濟的社會人文，或哲學道德的人文，其歷史發展及關係若不

闡明，則吾等的理性不能理解之。作為人類精神之產物，卻不闡明其社會的歷史關係，可說完全是神怪，非近世思想所能容。更精確而言，近世思想是依循原因與結果的關係而說明一切事物，此乃是人類精神的自然發展。

如同黑格爾哲學作為木鐸而風靡德國思想界，哲學、人文史、國家學、法律學等皆依據歷史的理性探求而被組織。在宗教的範圍中，其歷史感覺之初聲始於聖經批評，經由費迪南德・克里斯蒂安・鮑爾（Ferdinand Christian Baur，1792-1860 年）等的卓識予以鑄冶，遂揭出作為宗教信仰之發展的聖經成立史。神話方面，成為探求人種起源的所謂比較神話學，進而鍛鍊出作為人類精神歷史的神話學；對於一般的宗教史，破除夙來將其他宗教或其他宗派視為異端邪教的弊病，作出比較宗教史的求道的或探求的研究。今日又作為個人及社會意識之事實，意圖組織得以闡明宗教生活發展的人文史宗教學。

此等皆是近世思想對於宗教產生的結果，如此的歷史的理性要求既然成為思想界的一大勢力，對於此趨勢若持反對或輕忽態度的宗教，如何能滿足人心，尤其是如何獲得思想界的信仰？將

來的宗教哲學亦將如同法律哲學、道德哲學，必須基於其現象的人文發展而完成足以說明及解釋其宗教的哲學組織。

佛教總是誇耀其大乘哲學是如何幽玄，但若不能就人類精神的人文史發展，尤其宗教意識發展的真如法身的理性開展給予說明，則只是幽玄神霧中的怪物。欲求不受以因果闡明為本的科學思想烈風吹散，豈可得之。但事實上，所謂的大乘妙法迄今猶為如此非科學的雲霧所蒙蔽，其真相亦不為世人所知。

佛教思想的非科學，可以說以「大乘佛說論」為最。此痼疾之因，其來已久，中國各各宗派的教相判釋者將歷經數千年，經眾多民族諸種文明洗禮而開展的歷史思想，總攝於釋尊一生五十年之中。從而將種種思想之源泉與眾多著作編纂而成的佛典，皆視為釋尊在世所成。為說明其間的矛盾與徑庭，一概皆解釋為因於眾生機根有別，故釋尊作方便化導之說。

於是，遂有一音教，或頓漸二教、四乘教，或三法輪之說的提出。法藏的五教十宗，或智顗的五時八教，可謂極盡纖巧委曲，故爾後主張佛典統一及強調大乘佛說者，皆拜其後塵，完全不見能提出新疑點，探求新見地者。終致形成今日化石的佛教哲

學，完全與近世文化背離。

　　此恰如中世紀的基督教神父將摩西五經的「神出」以及四福音書之「神聖」，視為基督教是最大宗教與否之唯一根據，作為律法、歷史、豫言、福音、書簡、默示皆齊一統一之神典。為排除其間的矛盾，作出種種牽強附會，東西正統宗教者思想之一致，由此可見一斑。

　　今日佛教思想家如是相信佛教的成立，如是認為佛典的一致，以此自誇，將自家所依經典視為宗教唯一基本，如此豈能細心探求佛教的歷史發展？據此尊仰法身佛智的悠遠的理性開發，發揮大乘在人文歷史發展史上的真正價值？為相信五十年間中印度的釋尊佛智之發展，佛徒遂無法發見幾千萬年的人類精神社會人文開展的大法智身。

　　佛徒之中，存有五時八教以外之見地者也不少，例如空海的十住心，述及人心的宗教開發，意圖確定自家佛教之位置；禪家以直指人心之法作為得脫見性之目的，其思想之高遠，悟道之直截相較於判教者的纖巧牽強，頗能令人生起欽仰。然對於人文總體之開發，以及宇宙永劫之進化、宗教精神之發展的不作說明，

則完全一致。是故，印度思潮之弱點終究不能除去，相較於希臘與德國哲學，終究輸此一著。

吾人當然愛好印度思潮之幽玄，欽仰佛教哲學的法身大觀。然其幽玄終究與世界的顯現隔離，其大觀終究與科學的理性背道而馳，其弱點不得不令人嘆息。若依佛徒自己所言，所謂佛教即是法身佛教；所謂法身，即是絕對之智身，亦即絕對的真理。對於此唯心論的智體合一觀的批評暫且置之，此立腳地若能成立，則此命題所言將是「所謂佛教，即是絕對的真理」。

若依此見解，則佛教之祖不應只是釋尊，或其他的三十二相，或無量光之佛身，耶穌、孔子等無非是佛智之所顯現，甚至波旬乃至草木狗子、乾屎橛、傀儡筐皆是佛身，花紅柳綠，雀鳴烏啼皆悉廣長舌。涵養於印度唯心哲學的佛教思想，於此到達究竟，乃是自然趨勢，佛教中業已有道破此理者。

例如日本的心學，早已立於此一見地，倡導一視平等本心發揮的道德宗教。然諸多佛徒不僅排斥他教，視之為外道邪教，對於同屬佛教的小乘也以異端視之，獨以大乘家自居，而以「大乘是釋尊所說」之史論作為其信仰根據。

　　就筆者所見，此既是痴態，又是危險的信仰。此因大乘佛教若是法身佛之教，則一切宗教，無論小乘大乘，耶穌教、回教乃至靈魂幽鬼之崇拜，或咒咀禁厭之信仰，皆其法智之所顯現。法乃湛然而智身一致，但基於宗教之主體的人心，而發展出所謂八萬四千乃至無數之法。

　　釋迦若是大乘法之宣說者，則孔子或基督，乃至吾人或狗子，皆是應機適性的大乘宣說者。於溪聲聽出長廣舌，於山色見出金身佛之說，豈僅只是菩提達磨門流之私有物，而皆堪與大乘家匹敵。天台的五時八教之說，侷促於大乘佛說之問題，只是徒勞，更確實而言，只是蒙蔽大乘真正信仰的塵埃。

　　法乃唯一，此為大乘佛教心髓，近世哲學亦熱心探求且持此主張。然根機非一，國異時距，人有別，理性異，感情異，故分化出萬般的宗教信仰。東有佛儒，西有基回，龍樹佛教與真鸞佛教之相距，恐是佛陀與基督猶不能相比，酒神與太陽神的差異同此。其他無數的法門信仰並不認為境遇與機會如同人面而有所不同。

　　法依人而揭示之說，乃是掌握此真理一端之言。「法不外於

唯一智身，機類千趣萬樣只是法身常住海之波瀾而已」之說，乃
是大乘最高見地，若是如此，則如同宇宙萬象皆是一大佛身之所
顯現，吾人的理性信仰皆佛智之所顯現。其機能現象無論屬何等
種類，於此法身的宇宙發展中，皆各自佔有相當的位置與意義，
而此絕非偶然的現象或佛智以外的事實。

　　換言之，一切現象，尤其是人心理性信仰之開發，作為佛智
絕對因果之呈現，必然有其因果連鎖。一切宗教是同一法身的異
機開展，其開展作為一定的理性進化，而融合於到達其開展最近
階段的吾人之理性。此即是闡明異機開展的必然關係之人文史，
所謂人文的歷史觀，即是得以反映與融合於其人理性之大宇宙的
理性之進化。

　　近世的科學思想，即是組織可融合與適合於近世人文理性的
歷史觀，依此歷史觀而意欲掌握哲學、宗教、法律等一切人文之
進化。黑格爾的抽象的歷史哲學則是依現今綿密的史料探求，以
人文史的理性明鏡鑑之，聖典的批評依此而起，宗教學以此為目
的，即可一掃現今宗教人文史之雲霧。

　　若大乘佛教真是真如法身之大乘，則近世思想能使大乘哲學

擁有完全的人文史，其有關宗教之見解將網羅一切宗教於三世進化之大帝網中。揭出其發展的關係，闡明其開展的理性進化之跡，則所謂佛教將是佛陀出現以來，各應其國土時勢所發展變化之所形成。

原始佛教或小乘有部，大乘空門乃至天台、華嚴，作為宗教人文史中之一員，必須闡明其位置與關係。此進化若得以闡明，才能揭出佛教與一般宗教作為有一貫條理之人文開發，是絕對同一的法身所現，拂除五時八教等牽強附會的葛藤，近世思想與宗教信仰之融和，據此才能成熟。

筆者認為不僅只是佛教，即使一般的宗教，在歷史的人文的研究的學術研究上，在宗教信仰上，此乃是不可欠缺的。而對於佛教如此的典籍宗教（Schriftreligion），其歷史探求最大障礙是，蟠屈於其教徒之間的「聖典神出」之信仰，基督教正統派一直認為其聖書全體之神聖完全一致，不承認其中有所謂的發展，同此，佛教中的諸派各自主張其所依皆是「神出」「佛說」，無論空門哲學的般若，或敘事詩形態的淨土，皆悉釋尊在中印度之所宣說，是前後一貫的作品，以如此的「聖典佛說論」築構其信

仰。

　　若有人膽敢批評其經典，論述其成立前後，藉以探究佛教之發展，則被視為邪魔外道。例如對於富永仲基所提出的批評，完全沒有人願意傾其耳，聞其所說，只是以讒謗謾罵酬之。歐洲承襲希臘緻密思想學風，尤其將養成於萊布尼茲以來的發展之觀念，用於形而上之領域的黑格爾，以及應用於生物的達爾文，其豐富的資財與熱心的探險皆有助於銳利的歷史的感覺與論理的批評，聖典批評大致可達其目的。

　　猶太唯一神教之變遷，以及基督出現以來其福音的進化歷史已幾近於掌指之域，歷史的成長的基督取代傳承的盲信奇蹟的迷信之基督教，故思想界風潮日益歸向於此。

　　但就日本佛教見之，傳承的神怪依然是其思想信仰基本，一意固守其蜃樓，拮抗此近世文化大潮流者，比比皆是，為此，識者棄其信仰，派內青年亦沉淪於懷疑之中，慨嘆無信與落寞之餘，或投身於舊信仰漩渦中，或折衷之，於媒介彌縫中度日。

　　故當今實是排除佛教的「聖典神出論」，破除其傳承主義、神怪信奉最急之秋。佛教的研究必須是歷史的，而歷史研究的第

一步，必須始於將從來視為齊一統一的佛典，當作歷史人文產物而作聖典批評。

若聖典批評之業有所成，得以闡明浩瀚佛典的成立關係，進而其思想信仰的宗教發展必須相對照其社會人文之交涉，了解其進化大要，如此才能顯現經由印度、中國而發展的幽玄的哲學的宗教真相，於近世科學思想所呈現的大乘佛教因此才得以顯現其真正價值。

筆者作為學術研究者，固然不可自始即預定其結果，然自始即認定印度思潮高遠，作為其思潮之繼嗣，卻不能委身於宣傳之所以，唯因其非歷史的傳承主義掩蔽其發展的實相與真正價值，浴於希臘德國哲學思想的筆者，不願意盲從輕附。

今若以希臘、德國的歷史的科學思想，揭出印度及中國思潮，尤其是佛教實相的真正價值，一方面，期望得以發揮東方思想，另一方面，期望藉由促進東西思想融合，作為將來世界哲學思想及宗教信仰創造新時勢之基。無論從任何方面看來，將佛典之歷史批評說為當今思想學術界急務，豈是過言！

後學不肖，今聊附富永仲基驥尾，依循鮑爾遺範，欲於佛典

之批評研究開啟端緒，主要在於意欲藉此急務之倡導，喚醒世間思想家及研究者注意。今將此小書公諸於世，實是此端緒之一，豈敢說是欲藉此介入佛典批評而給予佛教史若干光明，更何況及於東西思潮之融合！筆者於此小書所採取的方針，可以說只是依據佛教聖典之間接批評，意圖於其成立史中，探尋一絲光明而已。

　　在藉由佛典之直接批評，闡明時代關係之大勢以及著者目的、撰述等種種情事時，首先應始於語言的探求。佛典的語言探求方面，首先梵文、偈他，巴利語等三種語言必須嫻熟，加之，應通曉中國、西藏語，又須探究印度及西域歷史。筆者對於此等語學皆非熟稔，且處於西域史之暗黑猶是重重之今日，意圖作佛典之直接批評，不免遭非望之誹。

　　因此筆者對於巴利語等之領域，將以參酌專門學者既往的研究為主，進而探求漢譯佛典現存的豐富三藏，尤其大小乘論書，從中探詢有關佛教聖典考察的言論，稽查各各時代的佛教聖典狀態。此乃鮑爾進行其批評時，不是始於福音書，而是始於書簡之所以。若依此得以間接尋出佛典成立之大致端緒，進而直接就各

各聖典仔細作批評的研究，相信未必是非望之舉。

此小書成功與否固然不是著者所能預見或明斷，至於間接批評的研究方式，只是略略沿襲鮑爾與富永二人所為，自認稍稍可適用於今日之批評，更可以說因此自覺給予筆者將此小書公諸於世的勇氣，若因此而招致訕笑，也甘然受之。

富永仲基出世一百五十年，佛典批評的狀態猶是如此，鮑爾以來，迄今僅只六十載，然其聖典批評已奏成功凱歌，日本是佛教國，且是以東亞新進，以東西思想統一者自居之國，加之，今正逢信仰危機之際。

後學不肖，每每思彼二氏，及遙望印度、中國思想與希臘、德國哲學之洋洋大流時，即有憤激之思。此小書之刊行，若得識者給予教示，益加鍛鍊，而能附著先進驥尾，自是望外之幸。

卷尾所載《基督教聖書批評畧史》，是基於普萊伊托爾與波滋曼等之記述，雖然如此，但並不是為基督教的神學界而有此撰述。而是基於向佛教界介紹基督教的聖書批評，是依據何等精神，依據何等方法進行為目的。（譯按：此一部分與佛教無關，故略過不譯。）

　　基督教是宗教，佛教也是宗教，主張「神出的經文」不可犯，若犯之，則其宗教即將滅亡之人，若能以彼為鑑，多少得以掙脫經文崇拜之泥淖，於故紙之外，發見宗教信仰之新見地。

　　此外，作為本書之參考，對於「六合雜誌」的「讀經餘瀝」及《印度宗教史考》中的「佛陀論」一章，若特賜一閱，則是幸甚。

　　　　　　　　　　　明治卅二年中夏將遊羽越山海之前日

　　　　　　　　　　　　　　　　著者誌

　　作為延享元年（西曆一千七百四十四年）

　　富永仲基之《出定後語》

　　西元一千八百三十五年（天保六年）

　　費迪南德‧克里斯蒂安‧鮑爾的《牧者書簡論》

　　二書出書之紀念

　　刊行此小書

　　明治卅二年中夏　　　　　後學姊崎正治

目　次

第一章
原始聖典之成立及阿毘達磨批評
的時代

第一節　戒條語集，滅後聖典之成立及其分類

　　佛住世時，其教團根本信仰的教法及其團結修道條規之戒律，作為最簡單的格言及律條，被實行於弟子之間，此乃任何人皆容易推測的。亦即於布薩集會之日，長老於壇上誦出戒條，鞭策團眾德義，而平素弟子彼此相逢見面時，一番行禮之後，也互相誦出格言般的佛語，藉以切磋信念。此時的佛教教團除此之外，並無任何聖典存在。

　　布薩時，所誦出的，是今日解脫戒之源泉的戒律；教法的格

1

言方面，例如四諦或四句偈、諸佛通誡，經常出於弟子之口。因此，此一時代的口頭聖文，極其簡明，而非後世所見的，於佛所說之外，還及於說法時處等記事。若馬克斯・繆勒（F. Max Müller）的語言及歷史的證明（東方聖書第十卷後之緒言）為正，則今日的《經集》（Sutta-nipâta），應最近似佛住世時之口頭聖文，記事少，潤飾少，僅只揭示世之無常，宣說修道寂滅之教。

如此簡明直截之格言乃是當時唯一的教法，此恰如基督教初期，其語集即是信徒的聖典。佛住世時，其弟子時時得見世尊音容，受其教化訓誡，故留存於其腦中的教法訓誡，作為活生生的佛陀影像片影，極具教化力。從而其安立歸托以如此簡單的解脫戒及格言，即得以滿足。雖然如此，但佛陀一旦入滅，其色身音容不復見，事態遂完全不同。

簡明的聖文不足以療其遺弟渴仰，尤其佛陀的入滅乃是結束其五十年悠長歲月的平和教化，是以安穩寂靜的姿態示寂，此完全異於僅只十二年教化，即悲壯去世的基督，故佛陀遺弟對於佛陀的尊崇追慕，自然也異於基督之遺弟。

　　彼等是祈求其師復活再生，而此等則悲嘆如來滅度如天日之
沒，或如世間眼滅，或如渡口奪舟之驚，雖然如此，但留存於彼
等胸中的佛陀其人格及教化遺薰尚香，後世佛徒信此為法身常
住，或望佛再現於彌勒。

　　佛滅後，其遺弟仍以其內心的佛陀之感化，維持其渴仰。而
其胸中之餘薰，無非是佛陀的說教，從來誦習的戒文及聖文作為
師說（Jinavacana）、佛說（Buddha vacana）甚受珍視，成為佛陀
的替代者而感化及支配團眾。《涅槃經》將佛滅後取代佛的教法
視為師主，彼之所言：

　　　我所說諸法，則是汝等師。

　　正傳述此一信仰。

　　教法戒條之傳承是佛滅後教團要事，佛入滅後的第一夏，遺
弟相會，一如從來的布薩及安居，大眾合誦解脫戒與其他教法聖
文，進而追憶佛在世時之感化，其教訓更深刻於彼等胸中。此即
所謂第一結集之真相。

　　藉由追憶逝去的佛陀，無異於佛陀的教法遺訓一直往來於遺弟心中。此際，已非佛在世時的暗誦聖文而已，而是致力追憶一一聖文是佛陀於某處某時之所宣說，憶起其溫容和聲。於是，其聖文作為佛說，遂與說法時處之記事相關聯，彼等或依無誤的記憶，或半想像，或半誤想，交叉相錯的相語共誦有關佛說法的記事及訓誡。

　　布薩之日，取代佛陀說法的長老述說佛在世時的行為教訓，以此感化團眾；雨安居時，四眾相會，於坐談中，彼此分別述說其所記憶的佛在世時的諸事。在如此述說遺誡的情況下，團眾口口相傳，更且確定某一戒條或規定是佛於某時某處，對於某甲之非行之所制定，某一偈文是佛於某國某處說法時之所說。在從來只是列舉戒條的解脫戒上，添加記事的律文由此產生，今日的「大品」「小品」的成立，出自於此。至於聖文方面，對於原先只是一偈一文的簡明佛語，亦改以一坐說法的形式表現，此即是今日所見經典之伊始。

　　亦即從來具有格言教條（亦即所謂的修多羅）形式的聖典，在遺弟之間，自然成為說法教化之記事，戒律或教法皆形成以

「如是我聞」（evam me sutaṁ）一語展開敘述的形式。於是，具有格言教條意義的「聖文」（Tanti），一般是作為聖典本文之義使用，而同義的「修多羅」亦作為說法記事之名。亦即佛教教團至此才有其聖典，經過教團承認，尤其是經過上座長老裁可的「如是我聞」的文典，遂作為佛教聖典而廣為流傳。

如此的聖典自然具有一定的教權，因此，防止紛亂，乃是上座之責，雖然佛遺訓應自歸依及歸依法（attasaraṇam dhammasaraṇam），但教團的教權必須匡正異議及紛亂。更且教團散布於諸方，團眾亦多，距佛滅日遠，其傳承日益產生異同，又偽似的出現已呈無法遏止之勢。《涅槃經》的「比丘對於所聞受的佛之教法及戒律應匡其虛實，又對於所傳聖典切勿增減」之說，正顯示此一時勢之必要。

此時，對於聖典亦作自然的分類，如《涅槃經》所揭，達磨（Dhamma）與毘奈耶（Vinaya）乃是佛說之純正者。如此的二分法雖不能說完善，但就佛教而言，其教法（亦即真理）所揭，乃是令眾生知曉世苦及其脫離之法，不僅道德上沒有根本的差別，二者也不許錯雜紛亂。

　　雖然如此，但此等經典乃是歷史的成立，此如前述，以布薩所用的戒條解脫戒為基本而產生的種種記事，主要是關乎行為命令，因此自然成為戒律（亦即服從的規律）；作為格言，依弟子口口傳誦的教條而出的佛所說之法遂成為教法。

　　若是如此，此二者於其編纂體裁上，可說是皆從教條及語集轉成「說法集」，其內容雖都在述說佛道修行之精神，但起源上的差異與所說事項不同，自然有此二分。

　　佛教聖典形成如此的二部，上座為防止其紛亂而重視其傳承，但如同佛在世時的簡明戒條格言成為說法記事之本文，其變遷日益加深，終究無由防之。記事中的傳說於各地教團自然出現轉化或增減，其間又攙入對此所作的說明，或另外再編輯其傳說及解釋，或作為新的佛說而誦出，其言語詩形亦經幾多轉變。

　　亦即民間的傳說結合佛之一生而形成本生譚，彙集佛說之中的譬喻，彙集因緣譚，或將讚歎佛陀之歌詠，乃至神通不思議記事的未曾有法等，遂各得其名目。此等或成為別集，或留存於經文中。

　　加之，上座對於教法所作的解釋，自然也被編於教法中，佛

滅後一世紀之間，隨著聖典內容範圍擴張，因此產生有關其內容
及外形之分類的名目。對於戒律以外之教法，大抵分成十二類。
此即所謂的十二部經，茲列舉如次：

Sûtra	修多羅
Geya	祇夜
Vyâkaraṇa	授記
Gâtha	偈他
Udâna	法句
Nidâna	因緣
Apadâna	譬喻
Itivṛtika	本起
Jâtaka	本生
Vaipulya	方廣
Adbhûta-dharma	未曾有法
Upadeça	廣說

　　據此看來，此一分類乃是內容與外形任意錯雜交叉的名目，並非自始即以分類為其目的而成立。此中，例如祇夜、授記、偈他，自始至今並沒有獨立於經文之外，其他例如法句、本生、因緣、譬喻等，則被另外編輯，散見於巴利的雜藏及漢譯。至於最後的優波提舍，此語有「廣說指示」之義，含有上座所作的編述。後世的阿毘達磨藏及毘婆沙即發源於此，於佛之說法及記事讚誦之外，早已另成一門。

　　佛滅後一世紀末，戒律、教法以及釋義的優波提舍等三者作為聖典分類之名目而成立，其中的教法是依其內容而擁有如此十一項名目。此時恰好有佛滅後百年的毘舍離的七百人會議，教團內的異流明顯揚其聲響，上座與大眾二流皆發表其釋義或編纂。尤其七百人會議是因戒律相關問題而召開，亦由此產生分裂，因此二流遂各自結集其律藏。

　　亦即一方面是上座的結集，其所結集即是今日現存的南方律藏、一切有部的《毘奈耶十誦律》、彌沙塞部的《五分律》、法藏部的《四分律》等之根源，另一方面，反對上座的大眾所結集的律部，成為今日《摩訶僧祇律》之源泉。

此等律藏皆特以七百結集之記事作為記事主要部分之所以，是七百會議破局以後，各部為鞏固各自的傳承所致，據此亦足以證明其編輯是在會議之後。當時之所結集固然有別於今日所見，但從後世的分派形勢看來，當時彼此的相距應亦如今日。

必須結集聖典之所以，是因於對於律藏竟有如此異論，此事引起教團極大的注意。因此，對於教法，例如修多羅、祇夜等，捨棄籠統的名目，依更為明確之分類，致力進行正確之編輯。雖然如此，但對於從來作為佛之所說而傳承的，分裂的諸部尚未呈現明顯差異，大體上，仍是基於十二部之分類。

尤其對於其中有長、中與短文區別之修多羅，於組織的結集時，亦依循此一區別，以「部」（亦即尼柯耶，Nikâya）稱之，且予以分別編輯。亦即記事較長者，稱為「長部」（Dîgha-nikâya），中者稱為「中部」（Majjhîma-n.），短者則予以總括，不附上一一經名，而以「結合部」（亦即僧述多尼柯耶，Saṁyutta-n.）稱之，此即後世中國所稱的「雜」。

其他依傳說而起的本起，出自傳說的本生，從經中彙集金言的法句，則總稱為「雜部」（Khuddaka-n.）。亦即佛滅後一世紀半

前後所流傳的十二部之中，祇夜、偈他與授記是有關佛所說法的
形式，因此，不予以別立，而經典主要是由以上三部所成。

　　所謂方等廣演及未曾有的說法大抵都存於「長部」之中，故
不見於別部，其他（優波提舍除外）則皆編於雜部。亦即今日巴
利的雜藏的《法句》（Dhammapâda）、《嫗陀那》（Udâna）、《阿波
陀那》、《伊諦沸多迦》、《本生》皆出自於此，其他的《涕羅》、
《涕利伽陀》，則是後世錫蘭正統教團所附加。所謂的教法是經
由如此過程，才漸次呈現後世所謂經藏之形。

第二節　法門集之編纂與對法，三藏五部之成立

　　經與律的傳承之外，上座長老的編纂教理或作釋義，其起源
是在佛滅後一世紀後半以前，此如前述。亦即教法指鍼的「優波
提舍」或教法撮要之「尼提沙」（Nideça，雖不列名於十二部之
中，但巴利藏得以見之），則是此後陸續編出。而其編輯體裁大

體上有二種，亦即法句（Dharma pâda）與增一法門（Eka-uttara-paryâya）等二種。

　　所謂法句體，即是真正的宗義編，大抵以述說世間無常開始，依序述說發心修行的方法及道德之教，就此等教法（Dharma），敘述其原則條理（Pâda），故有此名，此恰似稱戒律之條理規定為 Sikkhapâda，是指教法條理（亦即格言）。

　　此一名稱於後世則成為佛教之金言集，西元一世紀，法救特就古來所傳的法句彙集其中如來所說之法及其附屬之偈，且以「法句」稱之，其因在此。

　　然其初始只是用以指稱教法格言，從而用以指稱一般教法之集成。而由如此金言集之體裁所成者，筆者即稱為「法句體」。就今日所見而言，由此體裁所成，且成書於毘舍離會議前後的，即是大目犍連彙集佛在祇園精舍所說之法所成的「法蘊足」（Dharma-Kaṇḍha-pâda），亦即現今巴利論藏的「法僧伽」（Dhamma-Sangâni）。

　　其之所述，首先是從在家弟子的倫理談起，且述及佛果、沙門果及神足，然後觸及修行法的靜慮等。此書是否真的成為目犍

連之手，當然無由知之。但總地說來，作為大目犍連的著作，傳承於原始上座中的「法句」，是成書於此時，被稱為「法蘊足」（亦即法句集成），爾後深受一切有部重視。

其次是相傳由舍利弗所作的《解脫道論》，此書主要是述說有關道德的法句。其體裁較《法蘊足》整然，顯然是稍後才編輯完成。此等的作者皆附以佛陀直傳弟子之名。從中可以窺見在當時的上座中，正統教權的觀念大為發達。

其次的增一法門，如其名所示，是依句諦之數彙類教法，亦即以一法、二法等數目述說教法，此乃是後世法數之源，但當時只是作為一種便覽而彙編及使用。

如此編輯之所以，實是佛教自始就有依數列舉教理之風習。四諦、八聖道為始，五根、五力、七覺支、四沙門果等，皆承自婆羅門哲學之學風，佛在說法時，也屢屢使用。從而一世紀以後，隨著上座之教權確定，如此的標目亦與煩瑣的宗義同時確立與增殖，數字的便覽被廣為使用。若是如此，則如此的分類編輯應是毘舍離會議以後，隨著編纂學風興隆而盛行。

無論是佛陀的說法，或上座的傳承，依此風而編纂者其數不

少。例如為了不踏尼乾子分裂之轍,「長阿含」的《眾集經》以「共撰集以防諍訟」為目的而編集法門時,即採用數字的分類。其次的《十上經》、《增一經》等,如其名所示,亦皆屬如此體裁。

雖然如此,但此等尚未形成獨立的增一的編輯,其後,才特別產生此類編輯,出現「增一部」以及相傳舍利弗基於佛在波波城折路迦林所說之法而成的《集異門足》(Saṅgîti-paryâya-pâda,巴利藏的 Puggalapaññati)等。從《集異門足》卷末所云:

> 汝今……結集如來所說增一法門,汝可從今為諸大
> 眾復宣說如是法門,此法能令諸天人等長夜證會義
> 利安樂。

可以窺見如此的體裁編輯頗受重視,且將之歸源於佛住世時。若是如此,稍晚於其他三部,「增一部」係出自結集熱最盛的二世紀初期,是結集體裁最為整頓之階段,其實質或形式皆較所謂的「經」,更近似上座編輯的「尼提沙」。

因此,就經典而言,其他三部大體上是南北一致,只有「增

一」完全不同，漢譯的「增一阿含」不只有諸多的攙入，教理上更有顯著變遷，而巴利的「增支部」，只是單純列舉一法、二法等名目，故較《集異門足》容易便覽。

據此看來，就作為經典而言，相較於其他三部，「增支部」自然處於較低劣位置，在結集當時，未必是視為佛直接說法的彙集，而是視同《集異門足》使用。巴利的「增支部」即是成立於此一時代，爾後，某一教團為維持其神聖地位，故予以改訂，最後，於其編輯的各法上，添加佛之所說的記事，遂有今日所見漢譯「增一阿含」之形成。此一改訂大抵是在西元前一世紀，後文將就此論之。

總地說來，因於毘舍離會議前後的結集編輯與流行，如此的教法首先形成四部，其中「雜部」的便覽的增一法門亦作為經，而另外形成「增支部」，於是，經典的「五部」（Pañca-Nikâyâs）於此形成。

同時，「雜部」中的法句以及增一法門被編輯，且被傳述為成於佛弟子之手的「優波提舍」及「尼提沙」文學，自然被視為是五部以外的副產品，相對於經典的「法」（亦即達磨），此乃是

「副法」，或說為「對法」（亦即阿毘達磨，Abhidharma），例如
《集異門》、《法蘊足》等皆屬此一部類，遂被冠以「阿毘達磨」
之名。

　　「阿毘達磨」一語，原是用以指稱「法」，律藏的「大品」
卷一所說的阿毘達磨、阿毘毘奈耶即是。因此，「雜阿含」是將
此名稱視為等同經文。亦即一方面，是以「達磨」指稱經法及修
多羅，常用於與毘奈耶相對；另一方面，則又阿毘達磨、毘奈耶
並稱。據此看來，顯然此「阿毘達磨」並無「經法」以外之義。
然佛滅後一世紀末期以後，上座編輯眾多的法門集，而其法門集
皆是教法之拔萃或解釋，皆是有關教法之敘述，因此，此「有關
教法」的「阿毘達磨」，自然成為此等法門集之總稱。

　　於是，此等遂與五部經之達磨、戒律並立，佛教聖典於是形
成三大部類，最後，遂以「三藏」稱之。此中，經典被視為最直
接傳述佛之所說，因此被稱為「傳承聖典」（亦即阿含，
Âgama）。從巴爾赫特的碑文有五部及三藏之名，卻無「阿含」
之名看來，認為佛滅後二世紀，已有將經典稱為「阿含」之習
慣，甚為可疑。

　　若從漢譯的「增一」之中，已有此名而言，顯然在馬鳴前後，已有此一名稱。更且此文特稱四部為四阿含，其次又列舉經典的四阿含、戒律、阿毘曇，以「三阿含」總稱之，茲列出其文如次：

　　當誦三阿含，不失經句逗，契經阿毘曇，戒律流布
　　世，天人得奉行，便生安隱處。

　　據此看來，「阿含」此一名稱，尤其是四部阿含之稱，曾被當作與三藏同義使用，其用法之古，不亞於三藏。若是如此，則如同五部三藏之目，對於「傳承聖典」（亦即阿含）或迦旃延的文典，特稱為「佛典」（Sogate âgame），大抵是阿育王以後，才有此習慣。

　　依以上所述看來，大體可斷定出於阿育王以前的聖典，尚無三藏或「阿含」之名，又從「中阿含」卷二十八與《異門足》卷五雖揭出修多羅、毘奈耶及阿毘曇之名，但尚無「三藏」之稱看來，三藏之「名」及其「實」皆非相當古老。

第三節　上座的聖典

佛滅後，為尊重佛之所說與教誡，以及毘舍離爭議以來，基於確立教權及結集聖典的必要，遂迎來結集及編纂事業之興隆。佛滅後二世紀半，亦即阿育王時代，聖典阿含的三藏五部已告成立。亦即當時的佛教聖典，大抵如次所列：

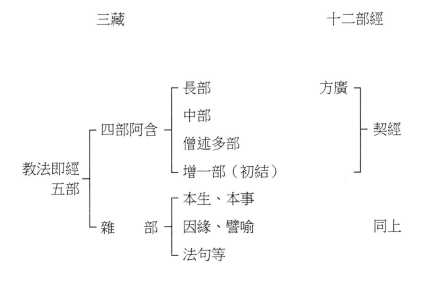

三藏　　　　　　　　　　　　　　　十二部經

教法即經
五部

四部阿含　長部　　　　　　方廣
　　　　　中部
　　　　　僧述多部　　　　　契經
　　　　　增一部（初結）

雜　　部　本生、本事
　　　　　因緣、譬喻　　　　同上
　　　　　法句等

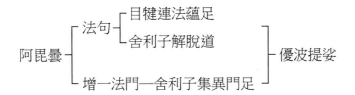

　　如此的聖典被結集及被制定的動機，在於承傳佛教正統，抑制異端，藉由正統的教權統一教團。尤其是上座正是抱持最多此一希望者。

　　今日所見經典中，出自其教權者甚多，故此一傾向處處可見。亦即第一，為防止教法聖典僭稱偽作，故嚴令一一檢查其出處正否「長阿含」的《涅槃經》第四章。此乃上座自己的傳承，故給予作為佛說真傳不可欠缺的重視。

　　從中可以窺見在佛教的教團中，某某經典是否真是佛之所說的問題，早已與此結集動機同時發動。一方面，為防止偽托，另一方面，為提倡教團一致，藉以確立上座的教權，此二者實是佛

滅後二世紀所結集文典的一大特徵。「長阿含」的《涅槃經》其
卷首曰：

> 一曰……數相集會……則長幼和順，法不可壞。二
> 曰上下和同敬順無違……三曰奉法曉忌不違制
> 度……四曰若有比丘力能獲眾多諸知識宜敬
> 事……。（參照《佛般泥洹經》卷上、《般泥洹經》
> 卷上及巴利本）

上下和順常相會，不別立新，完全守舊，遵奉戒與法，應以
上座教團為父（Saṅghapitar）或導師之說，乃是結集時代的原動
力。同樣的「長阿含」的《涅槃經》曰：

> 汝等宜於此法中勿生諍訟，同一師，同一水乳。

即是此精神之表現，類此的敘述，隨處可見，佛為沙彌周那
宣說的「長阿含」之《清淨經》，反覆出現此說四次，指出應奉

持如來之四會處乃至八聖道之教，不可相互立異。與此同本的
「中阿含」的《大品周那經》亦告誡切勿分裂教團，曰：

> 不敬師不見法不護戒，已便於眾中起如是諍。

若有如此行為即是佛法大害，故應速退之，最後作為佛陀所言，
曰：

> 我於我去後共同和合樂，同一一心，同一一教，合
> 一水乳，快樂遊行如我在時說。

同樣的「中阿含」的《牛角娑羅林經》亦稱讚諸佛弟子之和合，
其之所言：

> 汝等常共和合安穩，無諍一心一師合一水乳頗得人
> 上之法。

亦屬同一思潮。

此文亦可見於阿毘達磨中，《法蘊足》卷二區分「證」與「淨」（亦即解脫修行之教權），提出佛陀、教法、僧伽、聖戒等四項，且一再指出應歸依之、順隨之，更痛言和合之要，曰：

> 隨法行和敬行者謂佛弟子眾，……佛弟子眾能於此
> 中一戒性、一學性、一別解脫性、同戒性、同學
> 性、同說性、同別解脫名和敬行。

此與具有聖教主義傾向的《以弗所書》所說的「同一天主，同一信仰，同一受洗」，如出一轍。

而如同「中阿含」的《周那經》、《清淨經》，《集異門足》首先指出破裂鬪諍之非，進而警誡勿踏耆那教覆轍，並引用周那告阿難之語，曰：

> 波波城內有尼乾子（Nirgrantha）命終未久，其諸
> 弟子分為二，分各共諍訟，面相毀罵無復上下，迭

相求短競其知見，我知是汝不能知，我行真正汝為
邪見云云。

就此更予以敷衍，且作為舍利弗所言，曰：

此波波村離繫（即尼捷）親子（Jñâtiputra）處無慼
眾自號為師，其人命終未逾旬月，諸弟子輩兩兩結
朋諍訟紛紜互相凌蔑。各言法律我解餘非，如我所
知是法是律，我之所說應理合儀，汝等於斯悉皆絕
分。於其師教各隨己執迴換前後，或減或增，破折
支離遂成多部。欲知勝負便共激為脫過難遞相排斥
雖有論言而無論道，口出刀稍以相殘害云云。

據此可見惡其教團鬥訟分裂之情，益發隆盛，又可窺見《集
異門足》之結集實較阿含為遲。總地說來，《集異門足》為防止
教團有如此分裂，遂力說其和合，尤其是教法之一致與教權之統
一，曰：

我等今應聞佛住世和合結集法毘奈耶，勿使如來般
涅槃後世尊弟子有所乖諍，當隨順梵行法律，久住
利樂無量有情哀愍，世間諸天人眾令獲殊勝義利安
樂。

其次，反覆述說一法乃至十法。

據此看來，佛滅後一、二世紀之間所結集的聖典，顯然是為
防止教團分裂，而有「確立教團教權及鞏固上座教權」此種傾向
時期的產物。

是故，筆者認為將此時期的聖典（亦即前述的三藏，大眾律
除外），稱為上座的聖典應是恰當的。加之，當時阿育王對佛教
深厚的同情與護持，僧團總地說來是一致的，其間沒有出現太大
破綻，上座的教權亦穩固不移。

更且阿育王對於教法頗為虔誠，於護持佛教教團之外，必然
也致力於聖典方面（印度宗教史考五三一頁）。即使相傳的由帝
須總裁的三藏結集並不存在，但帕伊拉特刻文所提及的七部聖
典，即足以顯示當時聖典之範圍。

　　亦即第一，就戒律之要點而言，可說是指解脫戒，上座與大
眾之間，對於戒律雖有異見，但解脫戒最為原始，故應與布薩所
誦的本文二者合一。第二，所說的聖果不明；第三，未來的恐
怖，是指巴利「增支部」的 Âraññika-anâgathabhaya-sutta；第五
的賢者行狀是指「長阿含」的《沙門果經》（Sâmañña-phala-
sutta），第七的《羅云經》是指「中阿含」的《羅云經》
（Ambalaṭṭhika-râhula-vâda），第四的牟尼頌則是巴利《經集》之
第十二，第六應是指《集異門足》。

　　因此，阿育王的七部可以視為是作為當時的聖典而揭的各種
部類之代表。當時的佛典既已作為「聖教典籍」（Dharma-
âgama）而確立，此乃無可置疑。

　　如此的阿育王時代，乃是佛教三藏大成的階段之一，至少其
基礎於其時代既已大成。而阿育王時代的佛教擴及於一般民間，
加上對於佛陀的懷念，其遺跡遺骨之崇拜遂趨於隆盛，而有關佛
傳的材料也於此時大為增加。

　　隨著佛教流傳於民間，佛傳與民間故事相結合，本生譚遂益
趨於豐富。隨著佛塔建立之盛，有關佛塔的傳說也日漸增多，因

此產生諸多本起，從而也被附加於其間。

第四節　大眾部的新述作及改竄

　　佛教的分裂，始於毘舍離會議，對於戒律寬嚴之爭，於此分裂之中，自然含有對於佛陀看法的差異。嚴守戒律的人認為佛如同吾人，是依戒律道行而成佛，因此提出僧中有佛之說；寬容派則認為佛是依其本具的佛性而成佛，戒律只是其方便，因此提出眾生有佛性之說。

　　於是，甲著重戒律，乙重視教法，以其真理為理想；甲認為歸依僧伽，即是歸佛，自然重視上座長老之教權，乙認為歸依法即是歸命佛，自然是將佛與法等同視之；甲所見的佛是現實的人物，或將佛視為是神話化的佛陀，乙則以無形常住之法（亦即真理）為佛陀之本體，此遂成為法身佛之基礎。

　　勢既如此，如此的二種傾向終無相和之望，但阿育王在世

時，因獎勵廣義的教法，以慈悲為體，以尊佛慈民為主，故受其庇蔭的佛教無須分派分裂。上座的文典所以獲得勢力其因在此，而同一水乳的和合教團實是依此而行。

　　但阿育王過世後，此二種傾向的破綻再現。傳說中的大天（Mahâdeva）所造成的分裂，是否真有其事，無由知之，但顯然破綻已漸次增其勢力。此後的二百年間，分派甚多，號稱十八或二十以上，其詳細無須於此論之，主要是略見此二派之運動即可。

　　隨著分派形勢之推進，教法歸依派依其進步的思想，漸次對經典作解釋，隨著其所作的解釋，聖典逐漸變形及被附加。

　　最為顯著的，是漢譯的「增一阿含」。將漢譯「增一阿含」與巴利「增支部」作對照，即可發現「增支」的增一法門其彙類明白，而「增一」雖存其痕跡，但由於附加記事，因此，幾乎已無增一法門之體裁。例如「增支」的第一法（第一章第十四節），是就教團四眾，列舉彼等於諸性德位列第一之人，然「增一」所揭人數較多於「增支」，數亦及於一百五十等，又其記事甚多，故其所屬第一法門部類之記事不甚清楚，亦即「增支」只

是載曰：

Rattaññû paṭhamo Aññâkondañño,

「增一」則載曰：

> 我聲聞中第一比丘，寬仁博識善能勸化，將養聖
> 眾，不失威儀，所謂阿若拘鄰比丘是。

　　加之，漢譯本對於經文予以附加的痕跡也很明顯。其「十念品」揭出念佛念法等十條（巴利本相當簡單），其次的「廣演品」則予以布衍，於其廣演中，述及前文所無之議論，並論及如來之金剛身，謂其身即是真理智慧之身。

　　此外，此阿含所說教理相較於其他三種阿含，實已趨近法身常住之考察，乃是顯著之事實，此恰如「約翰福音書」之相對於其他三者。而如此的「增一阿含」，可見並非原始之作，如此的附加改竄應是成於某一派之手。

其後依大乘之立腳地而註釋此經典的《分別功德論》卷二曰：

> 此經本有百事，阿難囑優多羅，增一阿含經出經後
> 十二年，阿難便般涅槃時，諸比丘各習坐禪不復誦
> 習，云佛三業坐禪第一，遂各廢諷誦經，十二年優
> 多羅比丘復般涅槃，由是此經失九十事，外國法師
> 徒相傳以口授相付，……有今現文耳，雖然薩婆多
> 家無序及後十一事。

據此看來，此等附加顯然成自有部以外的大眾部之手。更且此中所說的薩婆多部之本文，實與今之巴利藏無太大差別。

如此的自由的思想活動是起自大眾部、正量部、經量部中，其學說之片段處處可見，若追蹤其教理發展，應可至於馬鳴之大乘。但其間的文書聖典之相關事蹟，仍處於暗黑之中，因此還無法確定。固然如同「增一阿含」是依如此的新教理增補而成，此間也產生諸多新的經典應是無可懷疑，又現存經典成於此時勢者

必然也不少，而此等皆是佛徒假托為佛說所出，雖然如此，對於
此等若不能施予完全的批評，則無法確定其年代順序。而此乃是
有待今後學者必須進行之事業。

第五節　上座部的註釋性述作──毘婆沙

　　另一方面，相對於如此的不尊奉上座教權，僅以自己的思想
為根本，視之為佛說或佛經者，上座部必須更確定己之所傳，統
一其解釋。因此，上座之正統纂輯或註釋其傳承者日多，迦膩色
迦王結集之前，已有豐富的阿毘達磨及毘婆沙的聖典被撰述。

　　如是，就正統主義而言，其究竟之教權雖不出於佛說，但同
一水乳的教團對於佛經的取捨解釋，必須具有一定的教權，故其
研究經常是不直接依據經典，而是採取上座所作的解釋。

　　因此，舍利弗的《集異門足》或目犍連的《法蘊足》等之所
說甚受重視，被視為是了解佛說所不可欠缺的對法阿毘達磨。更

且正統主義又認為隨著時勢變遷的聖典的不同解釋必須矯正，因此，阿育王以後，又出現有力的上座，時時編輯可作為其部典證的阿毘達磨。

迦旃延子（Kâtyâyaniputra）的《阿毘達磨論》與法勝（Dharmaśreṣṭhin）的《阿毘曇心論》即是其中之佼佼者。此二人的年代不明，然迦旃延子大事整頓上座部傳承之教權，始造「阿毘達磨論」，法勝傚之，但更為簡明。於其卷首，禮佛之外，又曰：

亦敬順教眾，無著應真僧。

就說為禮敬教團及上座看來，可以認為法勝此論是撰述於迦栴延的論書已獲得教權，上座部獲得統一之時，而二者的成立是在阿育王與迦膩色迦王之間，自不待言。

迦栴延的《阿毘達磨論》漢譯有二本，其名各異，一名「八犍度論」（ashṭa-kândha-çâstra），一名「發智論」（Jñânaprasthana-ç.）。雖然如此，但一般稱為「迦栴延之阿毘達磨」或單稱為

「論」，後世因全書為八卷，故稱為「八犍度」，或尊稱為「發智」。

總地說來，此論書是上座部之最上證典，堪與羅馬聖教的托瑪斯相提並論。故後世的上座有部最尊重之，迦膩色迦王結集時，五百阿羅漢即是依據此論編其宗義，其後，尸陀槃尼（Çitapâṇi ?）、悉達（Siddhârtha）、鞞羅尼（Bhiraṇi ?）等三家又施予註釋。

法勝的「心論」亦廣為諸家所奉，迦膩色迦王時代的法救及時代不詳的優波扇多（Upâçâanta）曾為之作註釋。從中國翻譯家依據傳說所撰的法勝年代看來，法勝應是出於佛滅後數百年，或秦漢之間，大抵是西元前二世紀之人。

與此二者同時，或稍晚的提婆設摩（Devaçarman）造《識身足論》（Jñânakâya-pâda），依據業因論述五蘊組成吾人肉身及心識之狀態，據此組織上座宗義。

此外，著者不詳的《施設論》，亦屬乘此上座宗義集成時運之所出，全書主要是述說業果果報的種種境界。巴伊拉多刻文第二目所說的聖果應是近於此論，此上座的述作應是取範於彼而

成。

　　如此的上座宗義論出現眾多，自然必須有其類名，「優波提舍」應是最適當的名稱，但上座為使其著作作為教團教權，是次於佛說或等同等的聖典，因此，以同於目犍連及舍利弗之撰述的「對法阿毘達磨」名之。

　　更且作為宗義編，此等有破斥異論之必要，遂具有論議考察之風，因此又稱此為「教理指教」（亦即沙悉特羅，Çâstra），例如稱迦旃延之論書為「阿毘達磨沙悉特羅」（Abhidharma-çâstra），稱法勝之論書為「考察沙悉特羅」（Hrdaya-çâstra，亦即心論）。後世漢人譯之為論，雖不甚妥當，卻起因在此。

　　因此，此一時代，就大眾部而言，是經文誦出改竄的時代；就上座部而言，是阿毘達磨論成立的時代。

　　阿毘達磨的學風此後永存於世，正統派的有部主要流傳於西北印度，迦濕彌羅的教團作為上座之根據，於西元前一世紀末，又造出若干阿毘達磨論。例如瞿沙（Ghosha，亦即妙音）上座論述輪迴業道，揭出佛道度脫的《阿毘曇甘露味論》（Ab. Amrta-çâstra）即是其一。

　　而其中最重要的作者是世友（亦即婆須密，Vasumitrâ），其主要著作的《界身足論》（Dhâtu-kâya-pâda）之所述，是在分析彙類敘述世界及人類的現相。

　　所謂「界」，是指天然界，「身」則意指人類。廣演此論之內容的，即是今日所見的《品類足論》及《眾事分阿毘曇論》等二論，此等亦屬分類的敘述。

　　此外，世友為說明及證明其正統的一切有之教理，而有一引用佛語或偈頌之「宗義集」此即《尊波須密所論集》。在探究世友所說，從而在探究一切有部之教理，以及在研究西元前後西北佛教的宗義上，此書可謂最為便利，且容易入手。

　　阿育王以後至迦膩色迦王之間，佛教就其內部而言，是教理方面大為發展，就對外而言，則是向大西北印度大為擴展。

　　再就內部觀之，以東印度、中印度為據點的大眾部及正量部，其所奉的教理逐漸趨向大乘發展，而西北印度的上座佛教則固守其上座教權，且更作詳細嚴密的解釋。亦即其學風是註釋性的、論議性的，遂有所謂「毘婆沙」（Vibhâshâ）的撰述。

　　此間，雖有作者不詳的《彌蘭陀所問》（參照印度宗教史考

一八四頁以下），或法救依「無常品」乃至「梵志品」所成的
《法句輯集》等才藻之作，然其大體都是解釋阿育王以來的聖典
之阿毘達磨論，據此敘述自派教理，指出他派之非。

而其解釋帶有註釋性質，故稱為「毘崩伽」（Vibhaṅga）或
「毘婆沙」。毘婆沙學風的代表者即是法勝，此中最大的成果
是，成於世友、法救等當時迦膩色迦朝上座之手的《大毘婆
沙》。

法救（亦即達摩多羅，Dharmatrâta）為解釋法勝的《阿毘曇
心論》而造《雜阿毘曇心論》十一卷，為解釋世友的《品類足》
而造《五事毘婆娑論》二卷的毘婆沙。此即今日現存毘婆沙中之
最古者。彼於前者之序所曰：

> 毘曇毘婆沙，專精思惟義，賢眾所應學，正要易解
> 了。

於後者序所曰：

　　欲於對法海，探少真實義。

即是毘婆沙之精神。此外，對於何謂毘婆沙，曰：

　　毘婆沙者，於牟尼所說性真實義問答分別究暢真
　　要，隨順契經開說眾心，……無量諸法種種義生
　　說，種種類種種說，是名毘婆沙論。

可知毘婆沙原是分解之義，分別說示而開發深隱之義是其目的。

　　阿毘達磨傳承的學風自然產生毘婆沙的解釋，更且此時的佛
教其分派日益紛糾，上座之中，也有諸多異流異派，而此乃是教
權論者最為痛心之事。

　　於是，世友、法救等上座於有部教權最為隆盛的西北迦濕彌
羅，發起大一統的事業，藉由國王迦膩色迦護持，召開上座大德
的大會議。此會之目的在於統一上座所傳承教理，因此，就迦旃
延之《阿毘達磨論》作當時學風的毘婆沙的解釋。

　　會者有五百，而波奢（Pârçva，亦即脅尊者）擔任總裁，世

友、法救、瞿施、覺天（Buddhadeva）等襄助之，參照諸部諸師
的異說議論，造《大毘婆沙論》數百卷。

第六節　有關阿毘達磨的議論，佛典批評的開端

　　上座唯以阿毘達磨作為教權，而大眾部及進步派則僅以經典
為據，此間對於經與論，以及註釋的教權其信用如何的疑問自然
生起，二者之間必然產生爭論。大眾部及經量部直接以佛為依
據，自然是看輕上座之阿毘達磨。因此，法救於其《雜阿毘曇》
卷首提出阿毘達磨亦無異於佛經之說，曰：

　　　　於牟尼所說等諦第一，義諦甚深義味，宣暢顯說真
　　　　實性義名阿毘曇，又能顯現修多羅義如燈照明，是
　　　　慧根性若取自相則覺法是阿毘曇。若取眾具是五陰
　　　　性名者，諸論中勝趣向解脫是名阿毘曇。

另一方面，又表明自己並非棄捨修多羅，修多羅為微妙義，有出生、無盡、顯示、繩正、貫穿等五義。亦即法救指出真理之源泉在於佛說，然予以宣示照明，令人進入解脫之道的，則非阿毘達磨莫屬，故主張應專奉之。

其次，諸毘婆沙師以迦旃延的《阿毘達磨論》為教權，故其事業之第一，是確立其教權，又必須確立《阿毘達磨論》之信用。因此，《大毘婆沙》於其卷首就指出《阿毘達磨論》正是為證明佛之所說，此即佛教中，關於聖典是否佛說之批評之嚆矢，故應予以注意。

若思及毘婆沙師之意，此論所說遍及一切真理，甚深微妙，如此微妙之法若非一切智之佛世尊，則不能說，所以「阿毘達磨論」正是佛之所說。

雖然如此，但彼等認為僅只以此猶不能直接視為是佛之所說，而是舍利弗（或有五百羅漢、諸天神、化人等之異說）問佛，當時佛之所答傳至佛滅後，由「微妙猛利善巧覺慧善知諸法……善解三藏離三界成就三明六通八解脫」的迦旃延編輯而成此《阿毘達磨論》。

為作為證明，毘婆沙師進而述及佛入滅後，常有繼嗣的二大師出，任持正法，釋迦佛亦有此二師，亦即佛住世時的舍利弗，以及佛滅後之迦旃延即是擔當此任者。因此，迦旃延隨類纂集佛住世時為有情所作種種論道、分別演說的諸法，立品分章而成此論。

此恰如同今日法救蒐集佛口所出諸鄔陀那而作成《法句》。纂集之人雖是佛滅後之人，然其所說則是真正的佛說。

毘婆沙師為說明迦旃延何故於佛滅後造《阿毘達磨論》，更提出一種傳說。

依據其傳說，「增一阿含」原有百法，今唯有十，如此散佚有其原因，一切經典是由阿難傳予舍那婆（Çânavâsi），或商諾迦衣（Çânakavi?），再傳時縛迦（Jîvaka）尊者，此尊者滅後，失其傳統，故七萬七千本生經與一萬阿毘達磨皆佚失。一人之入滅尚且如此，爾來佛典之消失即得以想像。

因此，今日猶存《阿毘達磨論》，經已不存，卻不可謂《阿毘達磨論》乃是新加。此乃迦旃延一切智境界之尊者，以願智力彙集一切佛教精華，於佛滅後出《阿毘達磨論》之所以，也是吾

人尊此無礙智之阿羅漢，應服從其傳承之所以。服從上座即是服從迦旃延之所以，遵奉迦旃延即是信佛之所以。

在任何宗教中，如此的論證乃是正統者欲證明其傳承神聖時，所用的常套論，不外於都是拗捩問題，佯匿疑點。批評的疑問經常是就是否真是教祖所說，或真是古說，但其間已有變化等問題引起，但彼等所作的解答卻是棄捨此一疑點，只立於自家宗義是真理的前提，立證作為真理的此一傳承正是傳述教祖之意。

佛教中，毘婆沙師以此論法主張「阿毘達磨論」是佛說，而爾後的大乘家亦仿傚此，藉以立證大乘是佛說。今日對於歷史問題，佛徒常以宗義為楯，拗捩論點，亦出自此一痼疾。

毘婆沙師如此的確立《阿毘達磨論》之教權，進而論及彼於三藏中的位置，最後揭出《阿毘達磨論》之重要性。亦即據彼等所述，三藏作為一切佛教之顯現，是出自一切智海、同一大悲，就此而言，雖說三者無差別，然就其用（亦即效果）而言，自有分業。

經是為信而揭予眾生，律為道行，是應其必要而告誡，而論則是為慧，揭示必然的真理，分別解釋諸法異同。因此，經令人

入於正法之緒，律訓練之，而論則以令此訓練智行之人了悟真理，成熟善根，臻於解脫佛果為其目的。

將《阿毘達磨論》視為三藏之歸趣或極致，乃是正統派之最大根底。故迦旃延的宣說，猶如光明照闇，令一切眾生破除無明，度生死流，抵達金剛不壞之位置，佛教之蘊奧存於此中，三藏之目的據此始得以成為實現。在證明此論點時，引用諸多經文，以佛之言說為證。

總地說來，對於同一的三藏，正統派所見是「阿毘達磨論」最為重要，乃是佛典精華。因此，此派在解釋阿毘達磨的字義時，並不只是說為對法或副法，而是以諸多古典諸部諸師所說，莊重深奧其意義。然其所說，畢竟不外於視此為佛教心髓。

對於「阿毘達磨論」之神聖，毘婆沙師是如此的努力立證，雖然如此，但令此辯護的立論產生的反對論，亦即阿毘達磨非佛說之說並不因此而消滅，而是繼續存在。只是該派的典籍今已不傳，故無從知其詳，而且毘婆沙師以後，有所謂的大乘佛教之興，有關「阿毘達磨論」的小問題遂被大乘佛教的典籍聖否的大問題淹沒。

雖然如此，爾後的文典屢屢出現此一問題，今總括見之。

四世紀出的訶梨跋摩（印度宗教史考六一四頁以下）曾將阿毘達磨視為等同十二部經之最後的優波提舍，曰：

> 摩訶迦旃延等諸大智人廣解佛語，有人不信，謂非
> 佛說，佛為是故，說有論經，經有論故義則易解。

亦即將論與註釋等同視之，並指出迦旃延之撰述乃是出自佛意。

與此同時，相對於世親之《俱舍》，主張有部之正統性的眾賢（Saṅghabhadra），可說是尊崇《阿毘達磨論》之最後一道閃光。其論點大體上無異於《大毘婆沙》所言，亦即佛宣說阿毘達磨，傳予舍利弗，大迦葉結集三藏時，其他二者是隨文結集，而此則是隨義結集佛之聖教。而迦旃衍集之，且「以妙願智觀過去佛所說法教，如其所應，安置結集」。

雖然如此，若就眾賢所論看來，其阿毘達磨之意義仍稍異於古代，更且於其所言之中，亦足以窺見作為其敵的經量部之所

論，故應特加注意。

眾賢認為所謂的阿毘達磨，不只是慧，也含攝行，如佛之並稱論語律，乃是慧與行合稱之名，曰：

總說淨慧隨行無漏五蘊名為對法，⋯⋯成就無漏慧
根為勝義阿毘達磨。

雖然如此，但將阿毘達磨視為佛法之極致，則無異於古毘婆沙師。進而就其破經量部之言見之，曰：若謂阿毘達磨僅只釋經，非直接佛說，不可以此為所依，則佛滅後，佛弟子已無直接所依，無論戒律或其廣釋，同樣亦非佛之所說，其他諸如佛頌者，亦非佛法。

僅以經量為所依之人，基於「尊者迦多衍尼子等造故，不說對法為所依故，如世尊告阿難陀言：汝等從今當依經量，諸部對法宗義異故」，認為阿毘達磨非佛所說。

然而，眾賢認為「此皆不然，諸大聲聞隨佛聖教而結集故，阿毘達磨是佛所許亦名佛說，能順遍知雜染清淨因果智故如諸契

經。」

　　眾賢更指出經量部因世尊有「應依經量」之言，故主張不依
阿毘達磨，可以說是不智之舉。經作為量，有抉擇眾經之義，然
若定其義或判別了不了義，則必依阿毘達磨，所謂經量，不外於
阿毘達磨之謂。

　　現今諸部經典文義有異同差別，例如《讚學》、《根本》、《異
門》等經一切有部不誦，《撫掌喻》等眾多契經，於餘部中，曾
所未誦，又諸部同誦所奉雖多，然本文互有差別，此等之判別決
擇終究必須仰賴真正經量之阿毘達磨。

　　眾賢於其《順正理論》及其別本《顯宗論》，如此的論證阿
毘達磨即是佛說。然其論點常動搖拗捩，任意轉用其教法之所依
與否以及佛說與否。但據此吾人得以窺見當時的阿毘達磨之反對
論者作為佛之所言，提出諸阿毘達磨宗義不同的可笑議論，而回
答者又曲解《涅槃經》文義，揭出佛住世時，既已稱讚阿毘達
磨，佛自認所說之經不足為賴的矛盾證明。

　　總地說來，無論經或論，此時諸部之所依產生異同，其文義
解釋也產生差別，因此自然產生聖典批評的問題，只是其解釋經

常是宗義的，而非歷史的，因此常以空談爭論告終。

眾賢以後，顯著的阿毘達磨批評已不得見，僅只六世紀那爛陀寺高僧德慧（Gnṇ-amati）於其所撰《隨相論》中，論及此一問題，其文曰：

> 佛本說優波提舍經以解諸義，佛滅後，阿難、迦旃
> 延等還誦出先時所聞，以解經中義，如諸弟子造論
> 解經，故名為經優波提舍、毘婆沙復從優波提舍中
> 出，略優波提舍，既是傳出，故不言經毘婆沙。

論點同於訶梨跋摩，然其論點較彼毘婆沙諸師更為清楚。

第二章　大乘之聖典及其批評

第一節　緒論、聖典之產生

佛教的發展是，完成以教法真理為佛陀的法身觀，佛陀（亦即佛智）與形而上的本形合一。絕對智與絕對的合一乃是觀念論之特色，佛教的哲學因於此宗教的佛身觀，遂形成觀念論的深奧宏大之哲理。

法身（亦即智身常住）的信仰使佛教的宗教及哲學掙脫舊套，而此新佛教即是大乘。

大乘佛教未完全成熟之前，佛教的佛陀觀，在某一方面，是極為神話化的。三十二相、八十隨好固然無庸贅言，其本生、其因緣、其八相，一一皆與民間傳說及太陽神話相混淆。

　　另一方面，隨著其宗教及哲學之進步，佛身遂宇宙本體化，莊嚴華麗的所有妙高屬性皆被附著於佛身。恰如婆羅門教，《摩訶婆羅多》及《羅摩衍那》等大敘事詩出於西元前後，成為壯麗的文學，更且隨著當時興盛的英雄崇拜（印度宗教史一八四頁），日益見其流行及增補。

　　新佛教的佛陀觀自然是乘此新婆羅門教英雄崇拜的潮流，彼此相助成長自然可以想見。認為如此的新風潮是西元前二世紀前後逐漸生起，於西元前後，表面已具有大勢力，應無大過。

　　勢既如此，此新佛教之思想及觀念必然發諸文書。亦即讚歎佛德的，有馬鳴的《佛所行讚》或摩呾悝制他（Mâtrcota）的《一百五十讚佛頌》，以及《普曜經》、《本行集經》等問世；發表其哲學思想的，有馬鳴的《起信論》之類。

　　西元一世紀，馬鳴作為新佛教之發揮者，功勞顯著乃是事實。然應特別注意的是，印度人的宗教性質，印度人以傳承教權為其信仰第一要件，另一方面，對於哲學的考察、宗教的信仰與詩的構想向來不加區別，更且不只不作區分，更是喜好予以合一，因此，在此新佛教興起的時代，佛教若不接受新的思想，則

無被接受或承認之餘地，故彼等相信宗教及哲學的此一新機運皆出自於釋尊，且強調如此之信。

此恰如毘婆沙諸師新編阿毘達磨，且信此為佛語，主張應信奉之。反對阿毘達磨之教權，提出新思想，又逐漸予以發展的大眾部、正量部、經量部等諸師在此一方面，作為教權崇拜者，亦不能免其崇古之病。反對阿毘達磨之新教權，主張自家為佛說的舊教權的復古運動因此而起。雖然如此，但當切記莫忘，無論於何國何時，復古運動都是抱持新主義者所發起。

如此的新佛教徒所發表的新思想中，與其說是以人師的著作的詩歌或論書為據，不如說是直接依據作為佛語之記錄的修多羅。雖然如此，但原始經典的簡單語錄的形態已無法滿足新思想的宏大複雜的考察與構想，彼等喜愛採取哲學的，同時又具有詩的形態。

婆羅門的敘事詩也出自同樣的需求，於雄大的戲曲的構造中，宣說其深遠的思想，據此滿足其信仰與渴仰，又發表其思想。處於相同時勢的新佛教的新修多羅，遂形成如此形式之修多羅。亦即新修多羅經常以佛陀為其中心人物，並添加諸多神話的

人物，以戲曲的舞台圍之，以戲曲的動作及對話行之。

　　此乃出自當時佛徒自然的精神需要，彼等於不知不覺之間，造出諸多如此的修多羅。故此等修多羅並非完全的修多羅文學，而應屬於梵語文學中之敘事詩。稱此為讚誦（亦即 Sûkta）也適當。

　　可以推想西元一世紀前後，大乘的如詩般的經典陸續出現的當時狀態是，信徒之間，興奮的渴仰新信仰，一詩之出現，一經之問世，皆被視為真正佛說不外於此。而僧侶之中，具有詩才，又有宗教之熱情者，皆將自己腦中佛陀說法之樓閣視為實在，將此發表於詩文上，且欣喜佛說之真意出世。《多羅那他佛教史》第十三章之所描述，足以追想當時的此一狀態。

　　雖然其所述經典及人物之名，必須再參考研尋當時的歷史事實，但作為當時一般的描寫，仍值得一見，茲節錄如次：

　　　時五百阿羅漢之第三結集終了，迦膩色迦王亦逝
　　　去。民間或王侯貴族之間，尊重三寶之風氣大行。
　　　迦膩色迦王之子於其莊嚴宮（Pushkalavatî）供養諸

多比丘，東方的華氏城婆羅門毗闍（Viḍuḥ）供養
比丘，書寫三十萬偈之三藏及於千部。

此外，如此隨喜之施主處處可見，從而大德輩出。相傳鴦伽
（Aṅgâ）國大上座阿羅漢難陀獲大眾之教法，故喜好大乘而倡之
者四方蜂起。

此等大教師大德皆各自入等流三昧地，直接從聖觀自在或祕
密主或文殊師利、慈氏等聽聞大乘法。於是，千節的《寶積法異
門千筐》（Ratnakûta-dharmaparyâya-satasa hasrika）、十萬法千章
的《華嚴》（Avataṁsaka）、二萬五千偈的《楞伽阿跋多羅》
（Laṅka-avatâra）、一萬二千偈的《積疊莊嚴》（Ghanavvyûha）
以及同樣一萬二千偈的《法集》（Dharma-saṅgîti）等相次而出。

其他諸多經文，則由諸天、龍王、揵闥婆、羅剎等從諸方，
尤其從龍宮持來。西方國王印馬（Lakshâçva）歸依此等之法，
供養大德，建立寺觀，又令書寫大乘經典，實達千萬偈之多。

於是，聲聞之徒甚為不喜，意謂大乘教非佛說。雖然如此，
其感化仍及於四方。此中，摩揭陀有姆多賈拉庫彌

（Mudgalagomin）兄弟二人，因奇瑞而虔信佛教，歸依大乘，兄作《最勝之頌》（Viçeshastava），弟造《諸天特勝讚》（Deva-atiça-stotra）（此二者皆收錄於西藏丹朱爾怛特羅第一卷），此頌讚廣流布於世，傳頌於宮殿乃至市街。於是，大乘佛教之大供養會於舍利弗誕生故地那爛陀舉行，開啟那爛陀寺創建之基。

第二節　新聖典分類之編入

相信直接是佛所說，是文殊等諸菩薩所傳的諸多經文讚誦是由此而形成，對於其信奉者而言，如何確定此等聖典與從來三藏十二部之間的關係，乃是首要問題，此外，也必須確定其宣傳者的諸菩薩與三藏結集者的阿難等具有何等關係。

對於此一問題的解釋，首見於漢譯「增一阿含」的「序品」（亦即近於大乘的部分，有部無此部分）。

據其所述，阿難及迦葉結集契經的四阿含、律與阿毘達磨三

藏，據此，佛之肉體雖逝，然得以法身永存；阿難又將深義難持
之法對配一、二乃至十、十一等，於大眾中結集，此乃佛法中之
至極最上。據此序文看來，增一法門是阿含所屬，另一方面，又
載曰：

　　　方廣大乘義玄邃，及諸契經為雜藏。

　　似乎大乘被編於雜藏，然若就全體見之，大乘方廣之法近於
增一部之法，屬於通常的三藏以外。因此，阿難結集增一法時，
彌勒（Maitreya）特為稱讚，直呼善哉，曰：

　　　諸法義合宜配之，更有諸法宜分部，世尊所說各
　　　異，菩薩發意趣大乘，如來說此種種別。

　　於是，阿難遂「集此諸法為一分」。彌勒再次讚之，且稱揚
大乘，阿難保證此等盡是直接聞自佛說，故加入「聞如是」一
語。

　　如此的解釋是將大乘當作直接結集自阿難，是三藏以外之特殊法，但特將「增一阿含」與三藏拉上關係。而此「增一阿含」乃是原始經典中，最為轉化的，其中看輕小乘聲聞藏的傾向顯然已經產生。其第十八卷揭出佛的四不可思議，認為此乃「非小乘所能知」，第二十三卷曰：

　　　　如來說法，無有怯弱，非羅漢辟支佛所能及也。

　　據此即足以知此改竄之「增一阿含」是大乘傾向之產物。改竄的「增一阿含」與大乘關係之密切，於《分別功德論》（增一阿含的註釋）亦可見之。

　　此論的年代不明，相傳是後漢失譯，若是如此，則應是譯於西元二世紀，但若依其後序之所推測，則彼與「阿含」悉皆東晉僧伽提婆所譯，譯出年代應是西元四世紀末。

　　總地說來，若參照其所說，則「增一阿含」的序分其成立稍晚，應是成書於大乘聖典的相關問題更被注意的時代，大體上，早於龍樹，晚於馬鳴，亦即應是西元一世紀末。

　　此論認為佛法皆是迦葉及阿難之所結集，尤其阿難於三藏之外，另宣大乘別藏。其聖典分類稍異於「阿含」，又大乘的部類中，含有佛對阿闍世說法等的新記事。其分類及事解表列如次：

契　經
佛所說法
　├─ 增一　以一為本，次至十，一二三隨事增上故，
　├─ 中　　不大不小不長不短事處適中故，
　├─ 長　　久遠事歷存不紀本末，源由事經七佛聖王七寶故，
　└─ 雜　　諸經斷結難誦難憶，事多雜碎憙令人忘故，

毘　尼　　禁律也，為二部僧說檢惡斂非，或二百五十，或五百事，

阿毘曇
　├─ 四諦大慧……斷諸邪見無明洪癡，故曰大法，
　├─ 八智十慧，無漏正見，越三界關，無與等者，故曰無比法，
　└─ 迦旃延子，撰集眾經，抄撮要慧，呈佛印可，故名大法藏，

雜　藏
　└─ 或佛所說，或弟子說，或諸天讚誦，或說宿緣三阿僧祇菩薩所生，文義非一，多類三藏，

菩薩藏
亦即大士藏
　└─ 佛在世時，阿闍世王問佛菩薩行事，如來具為說法，……即菩薩藏也，諸方等正經皆是菩薩藏中事，先佛在時，已名大士藏。

　　據此看來，大乘聖典被視為是述說菩薩行事之六波羅蜜者，方廣諸藏皆悉屬此，其他雜類新聖典則是諸人所說，故別立為雜藏。「增一」之序文以及此論以大乘聖典之出處既成疑問，故特為辨明。

　　佛之說法自婆羅捺國初說以來，於摩揭陀、釋迦、天宮、龍宮等諸處，尤其舍衛國乃是最妙勝之國，故佛陀二十五年皆止住於此國說法，更且殊勝之法也多宣說於此國。亦即佛在祇園，說當修一法以下，至二法、三法乃至百一法乃至八萬四千，此即最上增一之教法。

　　如此的述說最上法之出處，而大乘教法即是存於此增一法門中者，今日的「增一阿含」僅存一至十一，諸部多失其實，所佚失之法門即是大乘法，今新出現於四方者即是。《分別功德論》對於大乘聖典作上來的說明。

　　要言之，「增一阿含」的改竄及解釋是出自西元一世紀之前，可以視為對於大乘聖典之編入及出處給予一定辯解之權輿，從而其論點成為後世典範。亦即：

　　一、將雜藏及大乘的宣說者歸於佛以及其他，爾後龍樹及無

著皆沿襲之。

　　二、將大乘的宣說與阿闍世王相串聯的論點，於《阿闍世品經》（出現在《分別功德論》之後）可見其反響，在與阿闍世有關的經典中說明大乘，且將大乘聖典與舊三藏分成「菩薩藏、聲聞藏與辟支佛藏」，又指出大乘之行在於智慧，故向文殊師利菩薩表歸敬之意。

　　三、「增一阿含」及《分別功德論》特將彌勒菩薩視為大乘聖典之保護者。彌勒菩薩的信仰是佛滅後的佛徒初始以佛之遺法為精神依托，然此抽象的依托不能令彼等滿足，一方面，具象的從典籍崇拜尋求教法，另一方面，則渴望佛陀再來，將此渴望投影於彌勒慈氏的神話的人物（有關此一論點，將於他處再予以詳論）。

　　因此，彌勒的信仰在佛徒心中早已佔有重要位置，或渴仰其出現於數億劫之後，或翹足於時不定。而如此的翹望於正統上座以外的大眾部最見興盛，乃是自然之理，所謂大乘的新佛教早已作為與此翹望信仰同一思潮而出現。因此，雖同樣是《涅槃經》，但被推測是後出的異本得以見之，又「增一阿含」也可得

見。

於是，此等新思潮之結果的大乘佛教，特尊此菩薩為保護者，又自始與經典崇拜有關聯的人物出現，且被尊仰為佛所說的大乘聖書之保護者或保證者，乃是出於自然的需要。

換言之，將教法經典視為佛陀而歸依的法身常住之希望與信仰，恰巧因高尚的大乘經典之神祕出現而興盛其信仰，又滿足其希望（法身之信仰原出自希望教法常住，大乘的法身說因新教法的出現而完成，凡此有待他日再予詳論）。

於是，佛陀再現之信仰亦依此而滿足其渴仰，彌勒的出現如同大乘聖典之出現，此菩薩被視為是新佛教之保護與保證。

若是如此，彌勒菩薩於大乘之興起中，乃是主要人物，大乘經典將彼為主要人物，或以彼為經典之依托者，例如《大般若經》，即是佛特為此菩薩而宣說。龍樹曾於《大智度論》就此論之。

因此，從來只是以菩提之徒之義使用的「菩薩」此一稱號，自此作為具有菩提本性，住於不動修行地者之尊稱，超越聲聞及緣覺，菩薩即是大乘之把持者。

其中，如文殊師利及觀自在，乃是次於彌勒的重要的大乘把持者，龍樹為說明此等菩薩之由來履歷，於其神話下歐梅羅斯的解釋。研究此等菩薩的成立及其性質頗具趣味，但將留待他處，在此暫且略過。

大乘聖典成立以後，其傳來及編入的問題，大體可如此確定。自此以後，一方面企圖確定如此的解釋，另一方面，則需要破斥所謂的大乘非佛說。而此主要是龍樹及無著所完成之事業。

第三節　大乘的產生

（一）龍樹的聖典論

在如此的批評與反對大乘聖典的聲浪中，出於西元二世紀，圓熟組織大乘的哲學宗教思想的龍樹，在辨明此一問題上，佔有極為重要的位置。大乘佛教所說的佛雖有種種顯現，然其本性作為絕對智（亦即薩婆若，Sarvajñâ），不外於是宇宙的本體。

　　因此，聖典自然也是此一切智之顯現的佛之所說。從而對此的批評自然是從超越乃至捨棄是否歷史的佛陀所說的現象的境界，改成形而上的論證此乃絕對的智慧之所說。

　　雖然如來智身之觀念早已發自增補的「增一阿含」，且西元一世紀的馬鳴也予以組織，但將此信仰應用於聖典批評的，則始自於龍樹，而此完全是大乘哲學之發展所致，更且也反映出當時對於大乘聖典之疑雲逐漸密積的時勢。

　　如同其他思想，龍樹的聖典論亦可見於《大般若波羅蜜經》之註釋的《大智度論》，以及《十地經》之釋論的《十住毘婆娑論》。

　　佛乃是一切法之遍智，基於觀念論而言，了知絕對即是絕對的知，絕對的智慧即是絕對，因此在龍樹的觀念論哲學中，一切遍智的佛即是一切諸法不壞的實相，是言語道斷、涅槃不動的絕對相。

　　若是如此，所謂的佛法，不外於是一切法的實相之謂，一切善法即是佛法。佛的法無二，但眾生各隨所見的理解佛法，於是，佛法成為八萬四千，聖典遂有種種差別。如云：

> 佛法雖一實一相，為眾生故，於十二部經八萬四千
> 法聚，作此分別說。

此即佛陀度眾生之方便，於是，眾生有聲聞、緣覺、菩薩之別，而聖典亦呈現差異。

對於佛法多門之理，龍樹意圖作形而上的說明，然其思想未免仍執著於歷史的佛陀，且不脫給予宣說一切法的佛陀神話性的看待。《大智度論》卷首在說明佛說此最上至高之般若波羅蜜法時，曾述及佛陀。既揭出放金光遍照十方世界的神話性的佛陀，又述及肉身誕生及納妃的歷史的佛陀，更揭出為菩薩宣說第一悉檀大乘法的智身佛，為調和此等的不協調，遂將佛身的肉體的行為歸於方便力。

雖作如此努力，然其立腳地之動搖實無可掩蔽。因此分別佛說之種類。或作為形而上的佛陀，其說法有現（亦即公開）與密（亦即內祕）等二種；或是形而上的與歷史的相對立，作出三藏（亦即聖典）與法義（亦即真理）之區分；或是歷史的佛陀轉法輪，而有聲聞乘、辟支佛乘及大乘之別，或合此二立腳地為一，

區分成聲聞三藏法與大乘菩薩道。

通觀其全體，仍以現存佛典為主眼，始終皆作小乘聲聞三藏與大乘菩薩藏經典之區分。亦即至此可以說其聖典論與形而上的佛陀已無必然的關聯，大乘經典也不是形而上的超越時空的法，而是佛於一定時處，為一定的菩薩所說，三藏與大乘的差別，只是其聽眾不同，從而其大乘之辯解，自然又需要歷史性的辯解。

如此的立腳地之動搖暫且不論，在述說大小二典之別時，指出佛法是一切善法，其說者有種種，亦即佛陀、大菩薩、聲聞（亦即佛弟子）、得道人、仙人、化人以及諸天所說皆是佛法。佛滅後，諸阿羅漢聲聞眾欲保存佛語，傳承法寶，故迦葉、阿難等為首，在耆闍崛山中結集三藏。此三藏即是小乘聲聞藏。龍樹據此而認為三藏是淺薄之法，龍樹曰：

　　佛於三藏中，廣引種種諸喻說，不說菩薩道。

如阿波陀那的世間軟淺之語，主要存於三藏中，又「中阿含」的《舍利弗本末經》雖言及彌勒，但只是列名，並沒有述說

菩薩道，故可證明是小乘之三藏。

　　龍樹為說明《大般若經》之「如是我聞」而提及三藏之結集，並指出此三藏是小乘法，如此的矛盾主要是出自其立腳地模糊不清，一方面指出大乘之宏遠，另一方面又說大乘聖典是歷史的佛陀之所說，為「如是我聞」作此辯解。總地說來，龍樹大體將三藏分類義解如次：

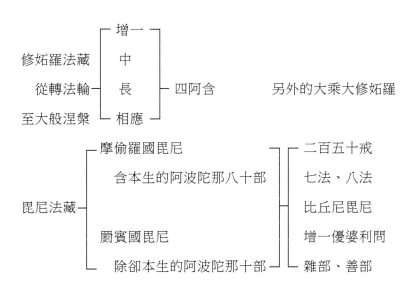

```
         ┌─ 王舍城阿難說五怖罪
阿毘曇藏 ─┤  舍利弗阿毘曇（出自佛在世，爾後犢子道讀誦之）
         └─ 大迦旃延蜫勒（出自佛在世，分別一切法）
```

　　就阿毘曇藏而言，龍樹的見解及分類不能說是清楚明晰，例如在名稱方面，或將此與毘婆沙等視，或稱為摩多羅迦（Mâtṛka），或稱為蜫勒（Kuṇḍa?，亦即筐），分成相應、對治二門，又如舍利弗及迦旃延，只是作為人之所說而揭出。

　　此外，龍樹還言及阿毘曇之成立，據彼所述，佛滅後百年，阿輸迦王開啟般闍于瑟大會時，法師等有異論，於是產生分裂。爾後迦旃延作《八揵度》，弟子等解釋之，作「毘婆沙」。或就「六分阿毘曇」，作如次之言：

```
        ┌─ 初分 ┌ 四品─婆須蜜菩薩作（界身足、品類足、所集、部執）
        │  八品 └ 四品─罽賓阿難漢作（大毘婆娑論）
六　分 ─┤
        │  第三分──目犍連作（阿毘達磨法蘊足論）
        └─ 餘四分──諸論議師作（法救等所造）
```

　　反之，大乘以《般若》為主，還包含《大悲》、《華手》等無
數經典，此乃佛智無量之所說，又以無量方便令菩薩、化佛、聲
聞、諸天說之。所說的般若波羅蜜乃是以空門為一義的深妙高遠
的菩薩之法，故佛在世時，雖有此所說，然聲聞比丘不信又不能
理解：

　　　摩訶衍甚深難信難解難行，佛在世時，有諸比丘聞

　　　摩訶衍不信不解，故後坐而去。

　　因此佛特為諸菩薩說此法，尤其大乘至極之「大般若經」更
是為彌勒等菩薩所說。

　　如此的廣大法門，非三藏小機所能容，是故，阿難亦不於眾
中說之，待佛滅後，才與文殊師利、彌勒等諸大菩薩於聲聞視聽
之外結集之。

　　此因若以此大法示眾，徒增錯亂，成辦無處故。龍樹雖述及
大乘聖典之結集，但既無結集之方處，又無菩薩，硬將阿難扯
上，其塗抹之痕跡明顯可見。

　　如此的龍樹是將佛法，亦即將佛及其弟子所說之法分成大小
二乘，據此為大乘作辯解。而對於此時既已抬頭的對於大乘經典
之疑惑，則以地獄業叱之：

　　　　破般若有二種，一者佛口所說弟子習書誦作經卷，
　　　　愚人謗言非是佛說，是魔若魔民所作……或言雖是
　　　　佛說，其中處處餘人增益……初破者墮大地獄……
　　　　第二破著心論議者，是不名為破般若。

　　龍樹如此稍向批評的傾向讓步之舉，顯示彼對於自己的論據
之確信也稍見欠缺。

　　要言之，彼將大小乘都視為佛說（依種種立腳地所見的
佛）。而將全體分成十二部，此十二部載於《智度論》卷三十
三，故此處略過，僅就彼所言，略窺其聖典論之大略，其文曰：

　　　　所謂八萬四千法眾、十二部經、四藏，所謂阿含、
　　　　阿毘曇、毘尼、雜藏、摩訶衍般若波羅密等諸摩訶

衍經皆名為法。

　　如上來所述，《大智度論》所見的龍樹聖典論，只是尋常一般的辯解，尤其硬將一一的大乘經典附會於歷史的佛陀之一生，尚未作出後世所謂的判教，對於大乘經典之傳來，指出是文殊、彌勒所結集之外，並沒有述及任何奇蹟。

　　但後世中國的佛徒為替大乘作辯解，大多將其發源歸諸龍樹，於其傳來附上奇蹟，龍樹遂被視為大乘經典之發見者，其事蹟因而被埋沒於祕雲奇霧之中。

　　亦即在「華嚴經傳記」中，指出龍樹從龍宮攜出「華嚴經」，而「法華經傳記」所述的「法華經」發表於世的情況亦然，在「附法藏因緣傳」及「龍樹傳」中，龍樹初始是由雪山老比丘於佛塔中授予大乘法，其次大龍菩薩將海中宮殿的「無量方廣經」授予龍樹，又如「略付法傳」則謂龍樹是從龍宮及南天鐵塔獲得祕密曼陀羅，凡此皆因尊崇龍樹而過分偏袒所致，實則龍樹只是遵奉當時存在的大乘經典，且為作解釋或予以辯護而已。

　　探求大乘經典的無名作者是誰，並無用處，吾等將來的事業

主要是應從佛教的發展中，探尋時代精神之變遷，從其精神中，研究諸大乘經典的歷史成立與發展。

（二）大乘聖典及其批評

西元一、二世紀之間，婆羅門方面也盛行成立其新的神話，其大敘事詩《摩訶婆羅多》是依據毘濕笯神話，以讚歎勇者克利西納之事蹟而成，而詩人蟻垤則於《羅摩衍那》的故事中，鑄冶古傳說與新神話。

此一時代是印度全體大變革的時期，民間的信仰傳說崛起，以傳說中的武勇譚的神話構想取代哲學思想，以華麗雄大的敘事詩取代簡潔清楚的修多羅文學，從而出世間的宗教道德，被世間市井的道德宗教壓制不起。

於是，不只是婆羅門教，佛教也因此而動盪不已，沙門捨行之理想轉成居士在家的道德，剃髮染衣之聲聞只好讓其地予寶冠華鬘的菩薩，佛傳的簡單的本生、本事的世俗譚進一步成為敘事詩的，例如《佛所行讚》及《普曜經》即出自西元一世紀初期。

於是，「雜阿含」中，與毘濕笯神話有關的佛陀的傳說，越

發與太陽神話相結合，編纂出如同《摩訶婆羅多》的敘事詩。諸多大乘經典即是此一時勢之產物，此如前述，此新出經典皆屬敘事詩性的或戲曲性的，其因在此。

　　若依捨行遁世的舊佛教徒所見，其世俗味甚眾，彼等對於大乘經典的排斥，也是因於龍樹等的考察引起。今為知此一時代，尤其西元二世紀，如此的新聖典具有何等範圍，特就若干典籍見之。龍樹於其《智度論》及《十住論》所揭典籍如次所列：

寶頂（御寶積）經	法華經	阿彌陀	首楞嚴	十地
明綱菩薩	大乘淨毘尼	般舟三昧	大般若	分別業
瓶沙王迎	破群那	栰喻	阿他婆耆	波羅延
難陀迦	蜫盧提迦	栴檀譬喻	梵網（六十二見）	離畏怖經
大空經				

後世常引用的《勝鬘》、《維摩》等尚不見於此中，又法華部中，被視為極其重要的文殊的相關經典，亦不得見之，此應予以注意。

　　其次，再從大抵西元二、三世紀，東南印度與錫蘭島交通頻

繁時期出現的「難陀密多所說法住記」看來，可以發見隨著宇宙論之擴張，大乘菩薩藏之經典也大為增殖。據其所述，佛典之述說者或是佛，或是菩薩、聲聞、諸天、智者（參照龍樹所說），大抵可分為菩薩三藏與聲聞三藏。而其小乘三藏如次所列：

素呾纜藏－長阿笈摩	中阿笈摩	增一阿笈摩	相應阿笈摩	雜類阿笈摩
毘奈那藏－苾芻戒經	苾芻尼戒經	分別戒本	諸蘊差別	增一律
阿毘達磨藏－攝六問	相應	發趣	等	
其外－本生鬘讚	獨覺鬘讚			

其次關於大乘三藏，僅只揭出經典，不見律、論的細目。其所揭大乘經典如次：

般若波羅蜜多經	妙法芬陀利迦經	金光明	金剛手藏	首楞伽摩三摩地
幻喻三摩地	大神變三摩地	集諸功德三摩地	還如來智印三摩地	具諸威光三摩地
寶竈	集諸菩薩三摩地	諸佛攝受	集請問	梵王問
善吉問	勇猛問	能滿問	海龍王問	無熱惱龍王問

樹幢龍王問	寶掌問	寶髻問	虛空音問	虛空吼問
幻網問	寶女問	善臂問	師子問	猛授問
金光女問	說無盡慧	說無垢稱（維摩）	未生怨王	諦實
那羅延	佛花嚴	蓮華手	十佛名	無量光眾
極樂眾	集淨華	大集	入一切道	寶幢
寶聚	寶篋	彩畫	高頂王	等百俱胝部

　　就此等題目見之，又就今日存在的《寶積》、《法華》、《華嚴》等經典見之，其風趣實與太陽等神話非常密切，又從其體裁是敘事詩看來，足以窺見西元前二世紀以後，尤其西元後一、二世紀的敘事詩其述作是如何興盛。

　　龍樹的致力於其辯解，正顯示有此等所謂的大乘懷疑論者。尤其古風的經典作為出世間的淨行訓誡，是宗教的、道德的。反之，新經典相較於宗教的，是詩趣的，相較於嚴肅的述說教法，是戲曲性的對話。可以說彼清楚，而此華麗；此如森林中之古社，彼則是金綠璀燦之寺宇；彼灑脫，此則帶俗氣，因此乞食遊

行的羅漢與歌舞的菩薩互不相容。

　　為此，古風的正統派印度西北的佛徒對於將阿毘曇論議的學風視為標準的，斥為綺言魔語，但求新又處於文化之地的東方大眾，則喜歡猶如藏於寶筐中，或如彩雲蓮華圍繞的想像，因而尊重大乘經典。

　　如此的衝突於龍樹的經典論中雖得以見之，然今且從大乘經典觀察此間衝突。

　　萊辛曰：「因於無德，故人言德」，大乘經典之讚歎大乘功德，輕視小乘而貴大乘之舉，正顯示其編成之時，有不信任之人；對大乘的稱揚越盛，正顯示其反對者或一般人對於大乘經典的不相信與懷疑之熾烈。一般而言，法華部的經典以稱揚大乘為事，例如《法華經》其大部分皆在述說大乘及《法華經》的功德，又如在《大般若》中，佛為憍尸迦反覆說明大乘之舉，皆悉顯示新舊兩派之間的衝突。

　　此外，《妙法決定業障經》揭出大乘二十四德，以及出自《法華》之後的《普賢行法經》，全經反覆述說誦讀大乘經典的功德（尤其是《法華》的功德），《大智度論》極口讚歎誦讀《法

華》及《阿彌陀經》之德等等皆然。

　　彼「大乘涅槃經」亦屬此一時勢之產物。其所引用的《首楞嚴》，龍樹未見提及，直至無著方始大顯，據此可見其成立是在龍樹時代或稍後，亦即二世紀與三世紀之間。此經自然是宣說《大般涅槃經》之功德，詩趣與譬喻並列，又屢屢自稱「如來祕密之藏」，為自高而低貶聲聞之舉，如同其他諸典，其文曰：

　　毘伽羅論者，所謂方等大乘經典，以諸聲聞無有慧
　　力，是故如來為說半字九部經典而不為說毘伽羅論
　　方等大乘。

　　又論其於十二部之位置，曰：

　　復有十一部經，除毘佛略，亦無如是深密之義，諸
　　世尊有二種法，一者世法，二者第一義法，……一
　　者二乘所持，二者菩薩所持，……一者外，二者
　　內，……一者共法，二者不共法，一……一者十一

部經，二者方等經，十一部經則有壞滅，方等經典
無有壞滅云云。

此係依循九部經之分類，將大乘方廣的聖典置於第十；又依
十二部經之分類，判彼列於十一部之外。為尊重大乘方廣，而作
出符合九部、十二部等古傳說之說明，可說是煞費苦心。如此稱
揚大乘及辯護之所以，實因於在此經編輯之前，對於大乘已有非
難。

因此，經文是從佛預言其滅後七百年，有作魔說者破正法起
筆，謂佛將不信受方等經者，叱責為「非我佛弟子」，將當時對
於大乘之非難，比擬為魔說。經中更揭出反對論者之論旨，其文
曰：

汝所有律是魔所說，我等經律是佛如制，如來先說
九部法印，如是九部印我經律，初不聞有方等經典
一句一字，如來所說無量經律，何處有說方等經
耶？如是等中，未曾聞有十部經名，如其有者，當

知必定調達（即提婆達多）所作，調達惡人以滅善
法，造方等經，我等不信，如是等經是魔所說。

而如此的批評即是《大涅槃經》產生辯護及稱揚大乘之原動
力。時勢如此，兩派的衝突如此，大乘信徒嫉惡其反對者、其批
評家乃是自然之勢，諸多經典將誹謗大乘判為無間地獄之業。
《普賢行法經》曰：

謗方等經，具十惡業，是大惡報應墮惡道過於暴
雨，必當墮阿鼻。

《妙法決定業障經》曰：

若有眾生，聞說大乘必不樂聞，調弄誹謗，當知則
是邪魔眷屬，誹謗大乘經典心故，死墮阿鼻地獄，
受苦無量，復生餓鬼食火屎尿無量劫中受苦，畢已
後生人中，盲聾瘖瘂病癩不具。

　　如何的嫉惡其反對者，由此可見，而當時大乘的熱情濫溺是
如何高昂，也由此可見。後世佛教繼承此風者多，及於今日。最
後，尤須注意的是，彼等何以反對信奉暫且不論，將大乘經典與
阿闍世王及提婆達多相串聯的記載隨處可見，其因在此。

　　亦即前引的《涅槃經》的反對者將此比擬為提婆達多之作
為，《阿闍世品經》特說菩薩藏，先前所揭的《分別功德論》特
將菩薩藏說為是依阿闍世所問而宣說。此二人都是耆那徒，是原
始佛教的敵對者，如今隨著大乘興起，被視為與大乘有所關聯，
此絕不能視為偶然而輕忽之。

　　尤其法華部所屬，極力讚歎佛功德的《文殊師利所說經》
（又名「薩遮尼乾子授記經」，或「所說經」），是將先前作為佛
之對敵的尼乾子說為是讚佛者，此經亦特稱揚大乘之德，而將大
乘經典之傳來歸諸阿育王的寶塔。曰：

　　　彼阿輸迦……遍閻浮提一時建立八萬四千佛舍利
　　　塔，爾時淨自在比丘於彼舍利函中取此法門在於此
　　　廂，……雖加流布而此法門受持者少，多人不知，

多人不覺，多人不受，……眾生薄福不應聞
故，……此妙法門人多祕掌置經函中諸庫藏中……
凡所有人宿無善根，曾聞大乘生疑毀謗，是故聞此
無上法門不能生信不能得入……若有善男子善女人
於後末世聞此經名，聞能生信受持讀誦書寫解說云
云。

　　而對於如此祕密高遠之法，給予讚頌的，是尼乾子，佛為此
而亦稱許之。

　　如此看來，耆那教與大乘經典之關聯，正如同婆羅門之敘事
詩，並非偶然的現象。

　　進而且就大乘興起後，雖受大乘感化，然仍奉小乘哲學的訶
梨跋摩的佛典論見之。訶梨跋摩出於西元四世紀，恐與出於中南
印度的無著同時，或其前輩。

　　其佛典論雖承襲《智度論》所言，然更依極廣之義，論述一
切善法皆是佛說。其《成實論》曰：

有聲聞部經但聲聞說，又有餘經，天神說，汝何故
言獨佛說耶？答曰：是法根本皆從佛出，是聲聞及
天神等皆傳佛語，如此毘尼中說，佛法名佛所說，
弟子所說，變化所說，諸天所說。取要言之，一切
世間所有善語，皆是佛說，故名獨法。

其所述之佛尚未與形而上的本體合一，而是立於修一切善，
度一切眾生者，皆可謂為佛之立腳地，將能利益眾生之語皆視為
佛說，可以說作出至當之說明。

第三章　系統化

第一節　無著的分類與辯護

　　龍樹示寂後百餘年，無著出於中印度阿踰陀國。今日大乘聖典最為重要的《華嚴》、《般若》、《法華》等，大體出於龍樹以前，因此，龍樹至無著之間的一世紀，對於如此根本經典之歷史，不能說是甚為重要的時代。

　　雖然如此，但龍樹實是使此等經典具有雄大詩趣及哲學體系之偉人，因此，二世紀以後，具有敘事詩風格的大乘經典顯著的轉成哲學性的，相較於讚歎佛德，較著重教理之宣說。

　　於是，龍樹與無著之間的一世紀，此類大乘經典新出世者不少，眾人對大乘經典予以注目，以此為中心而作觀察。

　　出於此變轉之後，大力宣揚大乘聖典，並致力為之辯解的無著的聖典觀，其趣自然較龍樹時代進步，是更為論議性的、教理性的。此下且據相傳其所撰的《瑜伽師地論》、《顯揚聖教論》、《大乘阿毘達磨集論》、《攝大乘論》及《大乘莊嚴經論》，略窺其所見。

　　無著將佛教聖典分成十二部，或分成聲聞藏與菩薩大乘藏等二類；或將全體分成三藏，於其經藏中，又分大小二乘，此舉無異於前人。茲將其所作分類表列如次：

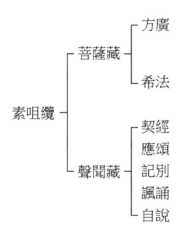

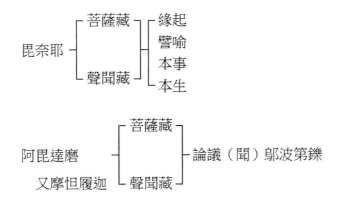

　　如此的分類雖無異於前人，但承襲前代論議之風的無著認為
論議阿毘達磨甚為重要，作為摩怛履迦（亦即本母），論議是一
切聖典之至極。亦即無著於《顯揚聖教論》述其論議，曰：

　　　論議者，謂諸經所攝摩怛履迦，且如諸了義經皆名
　　　摩怛履迦。所謂如來自廣分別諸法體相，又諸弟子
　　　已見聖迹，依自所證無倒顯示諸法體相，亦名摩怛
　　　履迦……名阿毘達磨……名鄔波第鑠（參照瑜伽師
　　　地）。

論議（摩怛履迦）作為十二部之本母，攝取十二部根本真理之教法。無論聲聞藏，或菩薩大乘，皆是本母之分派。尤其大乘菩薩藏作為了義深高之法，正是本母之本體與實質。故曰：

菩薩地亦名菩薩藏，摩怛履迦亦攝大乘。

是故，大乘菩薩藏是一切教法之本母，而聲聞藏只是其波瀾之一，大乘教法是成佛修道之要契。無著又區別此大乘所攝之法如次：

一、菩薩藏教
二、於菩薩藏中顯示諸法真實義教
三、於菩薩藏中顯示一切諸佛菩薩不可思議最勝甚
深威德教
四、於上所說如理聽聞
五、先如理思、趣勝意樂
六、得勝意樂入初修行

七、由入修行為先故，修果成就

八、由修果成就故，究竟出離，菩薩摩訶薩由如其

　　修學得無上正等菩提

　　據此看來，無著認為所謂大乘，不僅意謂經典，實指成佛之
本母的教法。故其所述說的大乘七大性相應，已逸脫聖典的考
察。無著又如次曰：

一、法大性　　　　十二分教中菩薩藏所攝方廣之教

二、發心大性　　　已發無上正覺心

三、勝解大性　　　於法大性境起勝信解

四、勝意樂大性　　已超過勝解行地入淨勝意樂地

五、資糧大性　　　已成就福智二種大資糧故，

　　　　　　　　　能證無上正等菩提

六、時大性　　　　三大劫阿僧企耶時能證無上正等

　　　　　　　　　菩提

七、成滿大性　　　即無上正等菩提，此謂成滿菩提

　　　　　　　　　自體

　　有此等勝性，故其教法是菩薩之教，此中具備真佛成佛之
法，故非彼淺薄之小乘所能相較。如此的區別小乘，又列舉大乘
的教理及其勝相有十，此十義十勝相非佛不能述說，所以是世尊
真正所說。此十項如次所列：

　　　　阿賴耶識說（心意之根源）　　　　　　　所知依止相

　　　　依他、分別、真實三種自性說（萬有之說明）所知相

　　　　唯識說（認識論）　　　　　　　　　　　所知入相

　　　　六波羅蜜說（道德修行之分類）　　　　　入因果相

　　　　菩薩十地說（修行地位之階段）　　　　　入因果修差別相

　　　　菩薩所受持守護禁戒說（菩薩德行）　　　修差別戒學相

　　　　首楞伽摩虛空器等諸三摩地說（入定考察）心學相

　　　　無分別智相說（絕對的知見）　　　　　　慧學相

　　　　無住處涅槃說（究竟理想）　　　　　　　學果寂滅相

　　　　自性身、應身、化身三種佛身說（佛陀觀）無分別智果相

　　此等學說各有如此的特長殊勝，若非真是佛語，則無此境。
是故「大乘真是佛語」。

　　無著藉由對於十二部的考察，論其本母本體之真理教法，指

出如此的教法即是大乘，而此乃真理的覺者——佛陀之所說。如此的結論是依龍樹以後的哲學思想發展而成。

依據與此相同的旨趣，無著於《莊嚴論》及《顯揚聖教論》中，指出大乘實異於聲聞小乘，確實是佛之所說。

如是，無著依大乘是至極真理之所以，藉此立論是佛（亦即絕對智）之所說。作為教理論，彼之所論甚可，然將大乘視為菩薩藏本母，若單就教理的考察而言，無著無須為大乘是佛所說立證，且其立腳地是小乘亦屬本母所攝之法，也是佛之所說。

然而導致無著必須立證大乘是佛說的「大乘非佛說論」，並不只是教理的考察而已，亦兼及歷史的研究。無著述及其反對論者的論點：

> 諸有情於佛所說甚深本性相應經典，不解如來密意義趣……不能解了，心生驚怖誹謗如是一切經典非佛說。

但無著只是直接截斷反對者對於經典是否佛說之疑問，並沒

有為自家立腳地之真理立證。堪稱佛徒之痼疾，無著也是混淆此兩方面，認為經典是歷史的佛陀所說，佛有大乘的轉法輪。無著曰：

> 世尊初於一時在婆羅疤斯……鹿林中，唯為發趣聲聞乘者，以四諦相轉正法輪……是未了義。
>
> 昔第二時，唯為發趣修大乘者，依一切法皆無自性，無生無滅，本來寂靜，自性涅槃，以隱密相轉正法輪，……猶未了義。
>
> 今第三時中，普為發趣一切乘者依一切法（同上）無自性性，以顯了相轉正法輪，第一甚奇最為希有……是真了義。
>
> 無自性性了義言，遍於一切，不了義經皆同一味，不障一切聲聞、獨覺及諸大乘，所修事業。

此乃後世五時判教等牽強說明產生之淵源，認為佛陀一生的某一時期宣說小乘，某一時代宣說大乘。先前述說大乘七性相應

的威風於此蕩然無存。無著於《攝大乘論》述說大乘之十相殊勝，於發表其哲學思想之後，忽又轉筆，曰：

> 諸佛世尊契經諸句顯於大乘，真是佛語。

可以說只是拘泥於字句之末。對於大乘佛說所作的證明，若就哲學思想而言，無著指出既是絕對的真理，所以大乘是法身佛之教法；但就歷史的批評而言，卻完全不能為大乘是釋尊所說提出事實證明。

因此，彼根本上雖認為聲聞藏與菩薩藏皆為本母所攝，但最後仍是宗派性的區別二者，是輕蔑小乘之人。

第二節　世親及其門下的哲學化

意圖從歷史作大乘是佛說的證明，因無著而宣示破產。然而

對大乘經典持疑者，卻不少於從前，因此，意圖證明大乘是佛說者，終於不再朝歷史方面提出證明，而是專就佛身常住作出哲學性的說明。世親及其門下的堅慧所作即此。

作為大乘佛教之完成者，世親曾為諸多大乘經典，例如《無量壽》、《寶髻》、《轉法輪》、《三具足》、《勝思惟梵天所問》、《文殊師利問菩提》、《金剛》、《法華》、《涅槃》等作註釋，對於其內容提出宗教哲學的說明。

雖然如此，但彼異於龍樹等，作為大乘經註釋之入門，並沒有述說佛典的成立，證明大乘是佛所說，而是略過如是我聞及說法時處等現象的記述，直接述說經義。

因此，世親極力強調大乘非魔語，而是佛語，然其所謂的佛語，不外於是絕對的佛性之顯現，換言之，是真理本體之反映。在《佛性論》中，世親從五種功德方面觀察如來佛性之全體（亦即藏），而正法藏位於其一，正法藏之至極，則不外於大乘之法藏。佛性宏大，眾生無不蒙其所化，然聲聞菩薩等只是各見其佛。於是，佛有種種應現，如《法華經》所見，或現伽耶城之應現佛，或是成佛以來經無量劫說法之佛，雖善巧方便，有眾多顯

現，然皆是如來藏。於《法華》之註釋中，世親曰：

> 如來藏性淨涅槃，常恒清涼不變。

　　菩薩得此正法藏，有大乘法，聲聞得其淺，有二乘法。世親依此意義區別大小二乘，更且指出大乘不見於二乘法中，又大乘菩薩藏與聲聞藏殊異，世親曰：

> 最上者顯示於大乘亦殊勝故。

　　此乃是世親註釋其兄無著的《攝大乘論》時，解釋其「大乘真是佛語」之所言。從中可以窺見彼與依據轉法輪而拘泥於現象事實作證明的無著，完全不同。彼所論之至極在於指出絕對智只是絕對智，雖說為大乘，但絕非在此絕對智之外，因此，世親於《寶髻經》之註釋引用文殊所言，曰：

> 不思議正覺，不可量如來，緣覺聲聞等，所不能測

量，況一切眾生，能知彼如來，凡夫戲論行，如來
無戲論。唯佛能知佛，佛法行依止，自然身心智，
除佛無能解。

「唯佛能知佛」之一言，可以說如同以觀念主義哲學粉碎紛
紛的佛說非佛說之爭議。但世親為臻於最高之結果，又從經中求
此如來智，曰：

大乘經說無量具足，如是皆此中攝。

於是，再次回歸舊的立腳地。由此可見究竟思想之難。

世親門下有堅慧（Sthiramati）者，如同世親，也註釋《寶積
經》，彼立於「唯佛能知佛」之立腳地，意圖說明大乘，又依
《入大乘論》，破斥大乘非佛說之論。其立腳地同於世親，認為
大乘即是三世諸佛所說之法，一切佛的法身住於一切眾生身中，
故大乘是諸乘之根本，雖然如此，但堅慧較世親具爭議性，曾斥
責非佛說論者是地獄罪人，曰：

　　如瞿迦離比丘，誹謗摩訶衍經是魔所說，當知此人
　　必墮地獄無能拔者，……汝言佛說摩訶衍是魔語
　　者，即是誹謗三世諸佛，亦是一切眾生大怨，所言
　　甚麤獷，當受惡口，不善重報。

此外，所列舉的誹謗大乘之大罪報甚詳。

因此，為證明大乘是佛語，彼一方面以其殊勝甚深作為證
明，不依其文字，應依其義，另一方面，對於諍議，提出消極的
證明。堅慧詰問持反對論者，曰：

　　汝所誦習，於何部經中，言摩訶衍是魔所說？

作為自證，則曰：

　　魔不能知菩薩從禪定生聞思修慧……之法，是大乘
　　義、唯佛能說。

　　論點如此，精神如此，故仍須證明大乘之文字經典確實是佛語。因此，堅慧作出聲聞藏、辟支佛藏、菩薩藏之分類，而大乘雖有三藏，卻異於聲聞等之三藏，聲聞等所持三藏是「阿含」經藏及律、論、雜等，是阿難從佛口所受持者，然此三藏非佛說之至極三藏，大乘之至極無量，此如佛所言：

> 阿難所持少，不足言，不受持者乃有無量，我所知法百千億分不說其一，阿難於我所說法中百千億分不說其一。

　　若是如此，何謂大乘的法？堅慧又揭出佛之所言：

> 我於一日一夜十方世界梵、釋、四天王、天龍、夜叉、乾闥婆及諸菩薩一切來集，為說智慧修多羅偈頌章句，……乃至為諸天子廣演說法云云。

　　亦即以神話的說明作為終結。堅慧意圖以「入義」證明大

乘，最後卻形成「入文字」的辯護；雖採用法身說法的哲學論證，另一方面卻又趨於神話的空想。尤其是著重於章句，將佛之知見當作大乘修多羅之基礎，藉以證明大乘，從中可以窺見其缺乏宗教熱情的枯燥知見。

餘　論

　　堅慧之後，印度的聖典觀念有何種程度的變遷，又關於大乘及密乘的論議又是如何等等的材料，今日無從見之，更且西元五世紀以後，佛教發展於印度西北境外，於波斯長養新的風趣，又傳入中國，有相當大的發展，因此，印度的聖典論大抵可以說世親及堅慧為其最後。今於此文結尾之際，略揭世親及堅慧著作所見的大乘經典名稱如次，藉以與第二世紀之書目互作比較，之後，再略述祕密部之聖典論。

　　世親曾為《十地經》、《無量壽經》、《寶髻經》、《轉法輪經》、《金剛經》、《法華經》、《涅槃經》、《梵天所問經》、《文殊問菩提經》等作註釋，其書今存於漢譯中，此外相傳也有《華嚴》、《維摩》、《勝鬘》的註釋，然今已不傳。其著作中之所引用，亦不出於此等，此中，最引人注目的是，《維摩》及《勝

鬘》二經首見於此時，爾後堅慧屢屢引用之。

堅慧於其《入大乘論》中，所引用者如次：

楞嚴	枯樹	十住	華手	大喻	賢劫三昧	解脫
法華	般若	老母	出胎	寶頂	阿耨大池	華嚴
法輪	金沙	本行	本起	維摩	知照	如來藏
如來出生	修賴	彌勒莊嚴	集一切福德三昧		為阿闍世王解諸疑	

由此看來，於龍樹、無著、世親等的著作中，載有今日視為重要的大乘經典，此等大部分於四世紀之前成立於印度。然此中完全沒有今日所說的祕密部所屬經典。例如《大日經》、《金剛頂經》、《蘇悉地羯羅經》等，無一存在。

更且此等祕密部經典之傳入中國，是在八世紀初期，是來自印度的金剛智及不空金剛所譯。祕密佛教的特色在於藉由「表象、儀禮及咒文」左右不思議之神力，將瑜伽的悉地發展成物質的及表象的。

而如此的宗教（或說為神祕修法）是起於印度，萌芽於富蘭那文學，完成於怛特羅，最早是在西元三、四世紀以後。祕密佛教的聖典咒文帶有怛特羅特色的，其發生並不古於富蘭那之新

　　者，大抵是在四世紀至六、七世紀，於其盛時編成。

　　七世紀因其輸入才產生的西藏佛教主要屬於此類，從興隆密乘最見其力的蓮華生上師（印度宗教史考六八八頁）是八世紀之人，四世紀的《法顯傳》並無見載，七世紀的玄奘的遊記中，曾言及女神多羅之崇拜，加上金剛智等的時代等等看來，足以推測此類的佛教咒文大抵成立於六、七世紀。固然密乘經典的占星宿曜等，是發生於中央亞細亞，受波斯教及巴比倫宗教影響。

　　但密乘（Guhyayâna）之基本則大成於中印度，尤其是與濕婆派及女神派的怛特羅文學有關聯而起，此乃無可懷疑。其關係恰如大乘經典之於敘事詩，佛教聖典亦與印度教文學有密切關係。

　　如同大乘經典主要以彌勒、觀音、文殊諸菩薩為其保護者，此密乘經典特將金剛手（Vajrapaṇi）視為守護者；彼將龍王、迦樓羅、乾闥婆等視為神話的人物，此則崇拜與怛特羅諸神界相同的死神摩訶迦羅（Mahâkâla）、半男半女之歡喜天、放逸的陪羅嚩（Bhairava）、現憤怒相的不動（Acala）、愛染（Kâma），不空羂索（Amoghapâça）、多羅（Târâ）、准提（Oundî）、青頸

（Gaurî）等。此皆顯示怛特羅時代之特色。期望今後隨著研究推進，得以闡明密乘經典與怛特羅的關係，乃至了解受波斯星術的影響。

總地說來，既有此等新經典的成立，則須確定彼等與其他佛典的關係。大抵而言，密乘聖典大多數，作為神祕熱情興奮的產物，其說法的處時人物皆不定，悉皆空中見光明，或聞天空音聲的神祕文字。形式方面，相較於佛陀的說法，較著重於揭載咒文真言及修法，是神祕的說法，因此在作為佛說，證明其神聖之必要上，較少於敘事詩的大乘聖典。

雖然如此，但作為佛典之一部分，必須定其位置。因此，一如向來的聖典考察，位於大乘與密乘過渡期的《理趣六波羅蜜經》，也意圖闡明密乘的位置。

亦即此經特以般若為大乘，將其他具有詩趣的及神祕色彩的經典視為總持（亦即陀羅尼門，Dhâraṇîdvâr），且是最上之佛典。其文曰：

所謂過去無量殑伽沙諸佛世尊所說正法，我今亦當

作如是說，八萬四千諸妙法蘊，調伏純熟有緣眾
生，而令阿難陀等諸大弟子一聞於耳，皆悉憶持，
攝為五分，一素怛纜，二毘奈耶，三阿毘達磨，四
般若波羅蜜多，五陀羅尼門。

將如此的佛之妙法視為無數諸佛之法，更且也留存於阿難等
之耳，「如是我聞」的聖典遺風於此仍可見之。此經進而說明此
五門乃是相應眾生根機而出者，並列舉其價值與受持者及守護神
如次：

素怛纜（契經）　乳　阿難陀　　毘奈耶（調伏）　　酪　鄔波離

阿毘達磨（法教）　生酥　迦多衍那　　般若波羅蜜多（大乘）熟酥　曼殊室利菩薩

陀羅尼（總持門）　醍醐　金剛手菩薩

如此的總持門密乘乃五門之最上，故又述其德曰：

能除有情生死煩惱長夜黑闇，速能出離證解脫果，
譬如明燈。

又曰：

> 總持門者契經中最為第一，能除重罪，令諸眾生解
> 脫生死，速證涅槃，安樂法身。

雖作修多羅與陀羅尼之區分，然仍隨從稱佛經為修多羅之風，視為契經之第一，由此可見其說明之雕琢，不承認歷史的發展的聖典論，最終仍是陷於牽強附會。富永仲基曾論述教起之前後，最後斷言曰：

> 是諸教興起之分，皆本出於相加上，不加上則道法
> 何張，乃古今道法之自然也。然而後世學者皆徒以
> 謂，諸教皆金口所親說，多聞（阿難）所親傳，殊
> 不知其中卻有多聞開合也，不亦惜乎！

就中國而言，以天台判教為首，諸多教判混淆宗義與歷史，伴匿問題，意圖證明大乘小乘的佛說順序，然其大體之立腳地不

出於龍樹及無著。

　　唯有華嚴法藏的判教，脫離歷史證明之葛藤，提出事事無礙之說；禪家則揭出不立文字，破除佛說非佛說之揀著；真言空海主張超越述說人之小祕而說大祕，幾近脫離判教論，將一切諸說攝於十住心。此三者所說已近於宗教哲學而捨棄大乘聖典之泥淖，然彼等所說於文字上，不免仍有陷於大乘佛乘論漩渦中之傾向。如是，處於數千年的葛藤中，尤其處於缺乏歷史感覺的東洋，卻具備明朗的判斷以及銳利的批判力，加上該博的學識，對佛典作歷史批評的富永仲基，無異於泥中之蓮。今於印度佛教聖典及其批評的歷史終結之際，謹以此一言彰其功謝其恩。

國家圖書館出版品預行編目 (CIP) 資料

佛教聖典史論 /姉崎正治著；釋依觀譯. -- 初
版. -- 臺北市 ： 元華文創股份有限公司,
2023.10
面 ； 公分

ISBN 978-957-711-334-4 (平裝)

1.CST: 佛教

220　　　　　　　　　　　　　112014928

佛教聖典史論

姉崎正治◎著；釋依觀◎譯

發 行 人：賴洋助
出 版 者：元華文創股份有限公司
聯絡地址：100 臺北市中正區重慶南路二段 51 號 5 樓
公司地址：新竹縣竹北市台元一街 8 號 5 樓之 7
電　　話：(02) 2351-1607　　傳　　真：(02) 2351-1549
網　　址：www.eculture.com.tw
E - m a i l：service@eculture.com.tw
主　　編：李欣芳
責任編輯：陳亭瑜
行銷業務：林宜葶
出版年月：2023 年 10 月 初版
定　　價：新臺幣 320 元

ISBN：978-957-711-334-4 (平裝)

總經銷：聯合發行股份有限公司
地 址：231 新北市新店區寶橋路 235 巷 6 弄 6 號 4F
電 話：(02)2917-8022　　　　傳 真：(02)2915-6275